传统武术文化教育发展研究

刘文燕　王振　著

吉林出版集团股份有限公司

图书在版编目（CIP）数据

传统武术文化教育发展研究 / 刘文燕，王振 著. --
长春：吉林出版集团股份有限公司，2023.6
ISBN 978-7-5731-3496-7

Ⅰ.①传… Ⅱ.①刘… ②王… Ⅲ.①武术-体育教
育-研究-中国 Ⅳ.①G852-4

中国版本图书馆CIP数据核字(2023)第141713号

传统武术文化教育发展研究

CHUANTONG WUSHU WENHUA JIAOYU FAZHAN YANJIU

著　　者	刘文燕　王振
出 版 人	吴　强
责任编辑	刘东禹
装帧设计	何润泽
开　　本	710mm×1000mm　1/16
印　　张	6.5
字　　数	100千字
版　　次	2023年6月第1版
印　　次	2023年9月第1次印刷
出　　版	吉林出版集团股份有限公司
发　　行	吉林音像出版社有限责任公司
	（吉林省长春市南关区福祉大路5788号）
电　　话	0431-81629679
印　　刷	吉林省信诚印刷有限公司

ISBN 978-7-5731-3496-7　　定　　价　48.00元

前　　言

在数千年的发展历程中，传统武术逐步形成了内容丰富、价值广泛、文化色彩浓厚的体育文化形态。然而，随着科技的迅速发展和体育市场化的冲击，在农耕文明背景下形成的传统武术很难与现代体育相抗衡。

我国传统武术是在农耕文明的背景下形成的，在长达五千年的历史进程中，传统武术不断吸收和借鉴新的元素来丰富和完善自身的发展，成为中华民族传统文化遗产中的瑰宝。具有鲜明民族特色的传统武术在浓厚的历史文化背景的反衬下，很难与现代体育相抗衡，使得传统武术的传承与发展面临着严峻的挑战。然而，随着时代的进步和竞技武术的开展，人们逐渐发现，历史悠久的中国传统武术所具有的价值和作用是西方体育项目（包括竞技武术）不能替代的。因此，传统武术的传承和发展问题逐渐受到重视。

鉴于以上情况，我们撰写了《传统武术文化教育发展研究》一书，以期对传统武术文化及其传承发展进行系统研究。本书主要论述了传统武术的基本知识、文化内涵、传统武术在高校中的传承与发展、传统武术训练与竞赛体系的建设与发展，详细分析了我国传统武术训练与竞赛现状，在此基础上，重点对传统武术训练及竞赛理论及其发展进行了科学探索，并从产业化发展角度和可持续发展两方面对传统武术的传承和发展进行了探讨。本书结构严谨、思路清晰、论证较为充分，学术性、实践性强，是一本较为学术性著作。

由于时间和能力所限，书中难免存有疏漏和不足，敬请各位专家、学者指正批评。

目　　录

第一章 传统武术文化概述

第一节 传统武术的定义与特征

一、传统武术的概念

武术在很长一段时间内都没有形成一个确切的或公认的较为统一的概念，这对开展武术运动相关理论的研究及活动实践造成很大的影响。因此，我国在 1988 年专门针对武术的概念问题召开了学术专题研讨会，并第一次通过官方渠道对武术的概念进行表述。这也很好地帮助了武术界形成了一个统一而明确的武术概念，这次会议认定的武术的具体概念表述为："武术是以技击动作为主要内容，以套路和格斗为运动形式，注重内外兼修的中国传统体育项目"。上述表述也是开展武术相关理论研究所获得的重要成果之一。

传统武术概念的确立，使我们必须依据传统武术的属性来选择文字，必须站在发展的高度来概括它。概念的内容应该涵盖传统武术的文化属性、传统武术的体育属性以及武术的社会价值和作用等方面；必须能够反映出武术的历史属性、现代属性和未来发展的属性。我们必须建立武术不是单纯的体育，更非纯粹的体育运动的理念。只有这样，我们在给传统武术总结概括定义时才可能减少疏漏，概念的确立才能迎合科学概念的要求。传统武术是一种身体运动形式，是以技击动作为素材，以套路、搏斗、功法练习为运动形式，具有增强体质、陶冶情操、培养意志、提高攻防技能之功效，是以民族传统体育为基础发展起来的将传统体育与传统文化相结合的一项运动。同时，传统武术也是一种文化，是中国传统文化的有机组成部分，具有稳定的结构和鲜明的民族文化特色，内容丰富，结构复杂。它是以运动作为文化的载体，在多种多样的表现形态中，具有传播发展民族文化之功效。

基于此，对于传统武术的概念，可以根据武术的概念获得引申性的表述，即传统武术是以攻防技击动作为素材，以中华民族传统文化为理论依据；以套路、搏斗和功法练习等运动形式为载体，以传统武术习练为实施手段和存在方式；以实现增强体质、陶冶情操、培养意志、提高攻防技能、弘扬民族传统文化为目的的一种社会文化活动。

之所以在研究传统武术的相关问题前要对概念有一个统一的认识，主要在于概念是认识和评价某一事物和现象的科学阐述，是人们头脑对客观对象本质属性的反映。它是通过对客观对象的历史和现状进行全面研究、反复分析、综合、抽象、概括的思维过程。正确全面的概念论述有利于人们正确科学地认识这一事物，把握这一事物的内涵和实质，为人们提供一个一目了然的事物本质和社会现象。它能够帮助人们尽快地了解这一事物，事物的概念不是一成不变的，即使有时候人们对某一事物的概念已经有较为合理的解释，但由于客观现实的发展不断改变着它所反映的本质属性的对象，扩大或缩小着其范畴，因而所反映的客观事物的本质属性的概念也必然要随之变化，这对于拥有长期发展历史的传统武术来说更是如此。

（一）传统武术概念的内涵

中华武术经过漫长的发展，开始形成自身的科学体系，成为中华文化乃至世界文化领域、体育领域中璀璨的民族智慧的结晶。对于武术概念的界定，长期以来一直存在着争论，从历史文献来看，"武术"一词的出现最早是在南朝《文选》颜延年所作的《皇太子释奠会》。之后，随着历史的不断演变，"武术"一词经历了各个不同的历史发展阶段，并且形成了自身不同的内涵。颜延年在其诗中将"武术"一词定义为发扬文治，停止武战。在当时的意思并不是与现代武术所包含的概念相同。到了现代，武术的概念也产生了巨大的变化，其基本含义主要是指能够使人们达到强健体魄、维护自身安全的技击技术。武术在我国能够将传统的中华文化特点进行有针对性的反映。我国传统的哲学思想也能够通过武术的拳术理论得以充分体现出来，其用武之道也是对我国传统伦理观念的直接体现。此外，我国的养生学、传统医学也与武术的基本理论有着非常密切的联系。我们可以认为，武术就是将健身、防身、养性、修养等集为一体的体育运动。

格斗技术是武术在我国古代存在的一种重要的形式，无论是在原始社会时期的狩猎中，还是在少数人进行技艺切磋、搏斗中，又或者是在大规模的军事战争之中，这种技术都有着很大的用武之地。可以看出，在武术的发展和变化的过程中，技击是其内容和形式始终围绕的根本属性。

攻防价值是武术动作最为主要、最为明显的特点，同时也是武术的本质属性。我们现在所看到的武术，正是由这些具有攻防价值这一本质属性的格斗技术聚集组合而成的。

（二）传统武术概念的发展

概念的形成有一个逐渐深化的过程，因为人对事物本质属性深刻程度的认识需要一个过程。概念形成后，在一定时间和条件下，内容是确定的，但随着社会的发展、事物的变化以及认识活动的不断深入，有的概念所反映的本质属性也会相应地发生变化。武术是中华民族在几千年的历史进程中创造、发展起来的，探讨传统武术概念的发展变化需要考察不同历史时期武术的社会实践和人们在当时历史条件下所能做到的对武术概念的表述方法，需要了解武术自身的发展和人们对传统武术概念认识深化的过程。

二、传统武术的定义

传统武术源于中国，是中华优秀传统文化的组成部分，是世界公认的中国符号。传统武术的发展，伴随和见证了中华民族文明的历史进程。因此，发展和弘扬传统武术，具有振兴民族文化、促进中外文化交流的重要意义。

关于传统武术的定义，有多种说法。国内有关学者认为，传统武术是农耕文明的产物，是一种注重体用兼备的中华民族传统体育活动。它以练习套路、招式、功法为主，以家传或师徒传承为主要方式，以提高击技能力为主体价值。也有学者认为，随着现代竞技体育的产生与发展，竞技武术随之出现，由于竞技武术与民间流传的武术区分越来越大，人们便将在民间流传的武术称为传统武术。还有学者认为，传统武术是一种集修身养性、防身自卫、娱乐审美于一体的，富有浓郁的民族传统特色的身体活动。它以中国传统文化为理论基础，以击技训练为核心内容，以掌握攻防击技为主要活动目标，体用兼备，打练结合。更有学者认为，传统武术是中华民族经过长期实践逐步积累发展起来的，富有浓厚民族特色的民间武术各流派技术的总称。它以中国传统文化为理论基础，以功法、套路、格斗为内容，以健身、防身、养生为主体价值。

尽管学者们对传统武术的界定各不相同，但是大体都包含以下内容：首先，是一种中华民族传统体育；其次，以传统文化为理论基础；最后，以击技练习为主要内容。

学者们关于传统武术定义的解释，有益于提高和深化人们对传统武术的认识。为了揭示出传统武术的内在品质，并为本书阐释传统武术的传承与发展提供有力的逻辑起点，在此，笔者将传统武术定义为：传统武术是以农耕文明为诞生背景，以民间习武群落为主要依托（直至现在），以"源流有序、拳理清晰、风格独特、自成体系"的拳种为基本单位的各种武术门派的总称。

三、传统武术的特征

（一）农耕文明的社会根基，活动领域固定

通过对传统武术定义的理解，可对传统武术的产生背景和活动领域加以明确，这有利于在研究中把传统武术和非传统武术明确区分开来。农耕文明是传统武术的产生背景。中国广大的民间习武群落皆为传统武术的活动领域。

（二）以拳种作为传统武术构成的最基本单位

传统武术是由不同的门派和流派拳种所组成的文化集合体，每一个传统武术门派都有属于自己的独特拳种谱系。如陈式太极拳徒手拳术可分为老架和新架；传统武术器械主要包含刀、枪、棍等；少林拳派主要套路有少林罗汉拳、形意拳、少林十三抓、少林疯魔棍等。

（三）流动性：传统武术的时间特质

传统并非在过去就已经凝结成的一种实体，而是流动于过去、现在、未来的一种过程，是变化的。传统是尚未被规定的东西，是永远处在制作、创

造之中的，具有无限可能性的半成品，未来是其真正的落脚点。因此，传统不应被认为是过去已经存在的东西，而应被看作未来还可能出现的东西，它包含了人、事、思想、精神、心理、意识、文化等未来的一切。传统武术也应是一个正在发展的动态过程，是一个正在继续发展、完善的事物，而不是一个由稳定的静态结构所组成的已经定型了的事物。

传统武术文化的形成、发展有着自己的特殊规律。传统武术的流动性是传统武术发展在时间轴上所形成的特质。有着数千年悠久历史的我国传统武术得以延续至今且从未中断的秘密就在于，每一代武术人都从自己的时代情况出发，去传承先辈们遗留的传统武术并用自己的理解来把握其中的意义，进而形成了传统武术世代绵绵不断的"血缘关系"。这种"血缘关系"主要依托于每一代武术人用自己去和传统武术的"视域"进行融合，从而把握传统武术的"真义"。这种融合了武术人见解的"视域"具有一种流动性。换句话说，传统武术在时间轴上的流动性主要取决于每一时代的武术人的理解活动，这种理解活动与"视域"相互融合，内含一定的"合理偏见"。

国外有学者认为，理解者和解释者的视域不是封闭的和孤立的，它是双方在时间中用理解进行交流的场所。理解者和解释者的任务就是通过扩大自己的视域来与对方的视域相互融合，形成一种"视域融合"。"视域融合"是由历史和现在、客体与主体、自我和他者构成的一个无限的统一整体，具有历时性和共时性。正如不存在历史视域，也根本没有孤立的现在视域一样，理解也并不是独自存在的视域的融合过程，在传统的支配下"视域融合"时有发生，旧的东西和新的东西在这里总是不断地结合成某种更富有生气的、有效的东西，一般来说，它们彼此之间没有明确的区别。因此，当代我国传统武术文化是一种从过去走进当代，并且具有能够向未来继续延伸的传统武术文化。从传统武术发展的整个历程来看，当代传统武术的出场形态是一种相对静止的，它一边在融合视域中回顾与反思历史中的传统武术文化，一边不断地在流动中寻找未来的前进方向。可以说，传统武术文化的过去孕育了今天的转型，同时，经历了现代转型的传统武术文化也因继承了传统武术文化的过去而得以延续。可见，流动性蕴含在每一时代的武术人理解活动之中，正是这些理解活动使传统武术文化"活"

在当下的同时，具有不断地向未来延伸的、展开的可能性，从而使传统武术流动起来，形成传统武术的"传统"。

由此可见，流动性是传统武术的能动创造过程，即对从先人那里继承下来的传统武术文化进行解读，并在此基础上做出某种富有时代生命力的传统武术文化创造。

（四）开放性：传统武术的空间特质

传统武术的开放性是传统武术在每一时代空间发展上所具有的特质。它是指传统武术发展立足于时代底版，通过积极地与同时代各种文化进行精神对话，将其中精华的部分融入自身。传统武术通过这一路径，具有时代精神地穿越"历史间距"和跨越"空间间距"。为推进传统武术的创新发展，传统武术还需不断地进行内在批判和外在批判。

传统武术想要寻求发展，就必须在保证自身社会存在的基础上，反映社会存在的需求，遵循社会规律，明确社会前进趋势。但是，现实生活中，传统武术的发展与社会存在的发展有时候会表现出并非一致的"镜像"。当传统武术文化的发展能够与时俱进时，传统武术文化往往能够同时代各种文化精神进行对话，吸收其中的精华，并通过内在的创造性文化转化引领传统武术不断创新发展。但是，当传统武术文化的某些文化观念失去了合理性的时候，即使社会存在发生变化，因其本身具有十分稳定的结构，传统武术抑制对于内在的批判性和怀疑性的新文化因素产生或生长还是能够成功的，这导致了传统武术文化中一些建立在旧的社会存在基础上的观念文化形态并没有消亡，即表现出与社会发展不一致的"镜像"。江湖义气、江湖规矩、门派之争等具有封建主义性质的文化糟粕，以及某些被过度渲染，甚至神化了的门派武功等，都严重地阻碍了传统武术发展，使其发展落后于社会存在的发展。想要解决传统武术发展与社会存在发展不一致的问题，只能靠一种外来的新文化模式或文化精神冲击，在经过强制性的内部批判之后，使传统武术文化被批判或改造的文化要素与新来的文化精神整合，从而构成能够推动传统武术发展的新的文化精神。

不论传统武术发展与社会存在发展是否同步，传统武术都需要积极地同时代各种文化精神对话，通过将各种文化中的精华转化为自身新的文化要素，提升自身的时代生命力并谋求更好的发展空间。太极拳的出现就是传统武术汲取太极阴阳学说的典范。王宗岳曾在《太极拳论》中指出，太极拳融合了动静、刚柔、虚实、开合等对立统一的拳法。形意拳也将五行学说纳入自己的理论体系，利用五行相生相克的原理，解释形意拳五种拳法的相生相克。劈拳属金，钻拳属水，炮拳属火，横拳属土，崩拳属木。五拳相生即崩拳生炮拳，炮拳生横拳，横拳生劈拳，劈拳生钻拳，钻拳生崩拳；五拳相克即劈拳克崩拳，崩拳克横拳，横拳克钻拳，钻拳克炮拳，炮拳克劈拳。为世人所熟悉的少林派武术，也是我国传统武术同其他文化对话、交流、融合的典型范例。少林派武术起源于素有"武以寺名，寺因武显"之称的少林寺。少林派武术深受佛教禅宗的影响。少林寺始建于北魏孝文帝太和十九年，西域高僧跋陀在此传教，后来达摩在此基础上，广收门徒，传授禅宗，最终使其成为佛教禅宗祖庭。在这些禅宗弟子中，不乏身怀绝技的武术家，也就是所谓的武僧。武僧们自觉或不自觉地就将佛教禅宗的学理纳入武术，构成了"拳禅合一"。少林武术在与禅宗的对话过程中，逐渐将禅理渗透到武术中，以禅理指导武术训练，以禅理和宗教形式编排、命名各种动作和拳术套路。禅理与武术的紧密结合，使少林派武术形成了"禅中有拳""拳中有禅""拳禅合一"的独具一格的武术境界。

综上所述，传统武术的开放性使其主动地吸收各种文化的精华，被动地接受外在的文化精神冲击，并进而主动或被动地抛弃一些不适合时代需求的文化要素。同时，开放性还使得传统武术主动地将自身的文化要素同当代所需要的文化要素、文化精神进行整合，形成传统武术一种新的适合时代需要的文化精神，从而维持传统武术的时代在场性。

（五）传统武术具有不断超越的内在品质

传统武术不断超越的内在品质，是以传统武术的流动性和开放性为基础，并于发展的过程中逐渐形成的。传统武术的每一个时代发展都以前一个时代的发展作为"历史前提"，即每一个时代的武术人都要在继承前代传统武术的基础上，为后一代武术人创造新的"历史前提"。因此，就每一个时代具体的传统武术形成而言，从武术先辈们那里继承下来的传统武术文化成果，以及反映自身所处那个时代的社会存在，是"历史前提"的两个基本来源。这要求武术人既要根据自己所处时代的要求理解、优选武术前辈们遗传下来的传统武术文化，又要在继承传统武术优秀文化成果的基础上，反映自己所处时代的社会状况和发展要求。在这两者互动中形成传统武术文化在场形态。为了使传统武术能够持续发展，就必须不断地超越。

传统武术超越的途径是通过传统武术的"生产"和"消费"来实现的。一方面，传统武术是由前代人所生产的、凝聚着先辈们智慧的产物，对后人来说，它是一种客观的存在形式，是传统武术超越的前提和起点；另一方面，后人通过"消费"传统武术，将传统武术转换成为现实力量，进而在主体创造性活动中获得传统武术新的内涵。可以说，传统武术之所以拥有强大的生命力，主要是因为它在历史的"旅途"中不断地"新陈代谢"，并根据时代发展的要求不断地重新选择出场路径和创造新的在场形态。

确切地说，每一时代的人想要开始自己的活动，都必须对前人的实践成果进行继承，并把前代人的实践力量纳入自己的活动之中，以强化自己的实践能力。对于前代人来说，传统武术是一种生存技能，并将其传授给后人；后人在继承前代人传承的传统武术生存技能的同时，结合自己时代的实践活动、目的要求对其内容进行淘汰、继承、创新和发展，以提高自己的实践能力。传统武术就是以这种不断超越的方式世代繁衍生息的。因此，每一时代的传统武术都既有过去的武术传统，又有结合自己当代实践的时代特色，任何传统武术形态都不是永恒不变的，从传统武术不断超越的内在品质的角度上来看，任何一种传统武术形态都离不开当时的时代历史语境，人们追求"正宗"或"原汁原味"的传统武术的行为与传统武术内在的超越品质相悖。

了解传统武术的概念和特点，有助于我们进一步对传统武术进行更深层次的探究，探寻传统武术的理想，同时也便于我们探究传统武术当代的文化模式和发展走向。

第二节　传统武术的起源与发展

一、我国传统武术的起源

（一）击技的起源

传统武术起源于我国原始社会的生产劳动活动之中。原始社会的生产力水平极为低下，原始人类主要以狩猎等原始的生产活动为生，并在从事这些生产活动的过程中学会了徒手或使用木棒、石头等器具击打野兽的方法。此时的原始人类虽还未有意识地把搏杀技能作为一种专门练习，但这些源于本能的、自发的、随意的身体动作却为武术击技的产生提供了重要前提。进入旧石器时代晚期，人类使用的生产工具有了较大发展。到新石器时代，人们已较广泛地运用弓箭来狩猎了。人们随着劈、砍、击、刺等经验的逐步累积，以及生产工具的不断改进，开始自觉地运用格斗技术和使用锋刃工具。这是传统武术进入萌芽状态的标志，但其技能本质上还是属于生产活动的范畴。

在原始人群的生存竞争中，击技产生的因素萌生于人与兽的斗争之中，而人与人斗则直接促使了传统武术击技的萌生。原始社会末期，随着对社会生产力水平有较高要求的私有制的产生，氏族与部落之间出现了有组织的大规模战争，这些战争都使得本来用于狩猎的技能和工具开始逐渐被用于人与人的厮杀上，并促进了击技技术的发生和发展。传说中，勇猛非常的蚩尤不仅是徒手搏斗的英雄，而且是兵器的发明者。《述异记》载："蚩尤氏耳瑟如剑、戟，头有角，与轩辕斗，以角抵人，人不能向。"这也同时表明，原始战争对人们徒手的擒、拿、摔、打等战斗技能的产生，有着巨大的促进作用。《世本》载："蚩尤作'五兵'；即戈、殳、戟、酋矛、夷矛。"这表明战争促进了武器的创造与发展。

总之，人类在战争中开始逐渐掌握战争所需的格斗技能以及使用兵器的技艺，二者均为传统武术产生的必要条件。人们反复模仿和练习在战争中总结出来的应用广泛的击技方法，并将其传授给下一代。与此同时，从生产技术中分离出来的这些击技方法也逐步开始作为军事训练的重要内容。

还有人认为，人们的战斗意识、竞争意识的出现，是传统武术在原始社会萌生的另一个主要标志。

（二）舞的产生

有关史料记载，原始人在进行狩猎战事等活动的前后，一般要跳武舞。武舞是人们对狩猎或战争场景进行模拟，并把用于实战格杀的经验按一定程式进行演练的舞蹈。它融知识、技能、身体训练和习惯的培养等于一体，是原始社会战斗技术的展现，是古代武术由感性认识向理性认识的升华。人们认为，武舞之中的击刺杀伐动作会蕴含着某种超自然的力量。

人们从战争实践中总结的攻防技能和经验，为后来武术套路的形成奠定了基础。集宗教祭祀、教育、娱乐以及搏斗训练于一体的武舞，是原始社会多位一体的文化形态的重要组成部分，其实质是对搏杀技能的操练，也是用来宣扬武威的手段。因此，武舞可以说是传统武术最主要的原始形态。

二、传统武术的形成与发展

真正的传统武术是在进入阶级社会以后才逐渐形成并得到发展的。

（一）传统武术的形成

由中华民族特有的文化土壤孕育而成的传统武术，有着击舞一体、内外兼修的独特的武术形式。

夏朝的建立标志着中国社会从氏族公社的原始社会进入到奴隶制社会。自夏朝建立后，武术开始作为一种军事技能并逐渐从生产活动中分化出来，成为当权者的阶级统治工具。此时的武术开始向专门化、复杂化发展。在夏朝，还出现了"序"和"校"等主要负责教授和演练各种武艺的教育机构。当时的武技称为"手搏""手格"等。

随着农业文明的发展，到了殷商时期，出现了武术训练的重要手段——田猎。此时的田猎已不再是单纯的狩猎食物，而是成为一项具有军事意义的活动。"田猎时，进行军事技能训练的将士们驱驰车马、弯弓骑射。"在殷商甲骨文中有大量诸如此类的关于田猎的记载，随着青铜冶炼技术的发展，矛、戈、戟、斧、钺、刀、剑等兵器开始出现，大大增强了武术的杀伤力。

西周时期，统治者通过让贵族子弟学习"六艺"的方式来维护贵族专政。"六艺"中的"射""御"分别指射箭和驾驶战车，这些都是与武术有直接关系的训练内容。"乐"指的是周朝时期的一种舞蹈，这种舞蹈是在东南西北四方各做四次击刺的动作。这种套路后世称为"打四门"，其对于后来的武术基础套路和传统套路有着深远的影响。另外，西周时期的武术学校还经常请著名的将帅讲述武术课程，武术文化教育的气象由此萌生。

春秋战国是我国由奴隶社会向封建社会转型的重要时代。在这个动荡时期，各诸侯国攻城略地，战事频仍，练兵习武得到空前的重视和发展。当时，诸侯各国"以兵战为务"，对身体素质优秀、战斗技巧高明的人才都很重视。据《管子·小匡》记载：为使齐国强盛，齐国宰相管仲实行兵制改革，改革的主要内容包括官兵必须进行实战性武技训练；勇猛而不当兵的百姓皆要问罪。为了发掘人才，提高军队战斗力，齐国于每年的春秋两季举行全国性的"角试"，并从中选拔出武艺高强的人才。经过训练的齐军"举兵如飞鸟，动兵如闪电，发兵如风雨，前无人敢阻，后无人敢伤，独出独入，如入无人之境"。这是齐国后来能够成为春秋霸主的重要原因之一。随着冶炼技术的发展，作战形式和兵器的种类、质量在很大程度上发生了改变，使得春秋战国时期的战争已由车战为主转为步兵和骑兵作战为主，为武技的发展创造了有利的条件。随着奴隶制的崩溃，奴隶主、贵族在军队和教育方面垄断武技的局面被打破，民间开始出现许多剑客、剑士和剑家。他们的出现，标志着武技开始走向民间，传统武术开始具有了一定的雏形。

（二）传统武术在我国古代的发展

传统武术源于我国远古祖先的劳动生产实践，经过几千年的发展，它已变成人类生活中的一个重要环节。我国传统武术以中国文化为理论基础，并融合了道家、儒家、佛教等各种哲学思想。人们在最基本的物质需求得到满足以后，就开始有了更多的精神需求。传统武术根据所处时代的发展特色，逐渐在自身发展的过程中融入了传统中医、健身等元素，使得传统武术在发展的过程中得到越来越多人的喜爱，并逐渐演变为具有健身性和娱乐性的民间传统运动。

传统武术是中华武术的灵魂，为中华武术的悠久传承和发展赋予了源泉和强大的生命力。它在各个历史时期都有其不同的发展特点。

（三）传统武术的教学发展

传统武术的发展可以从多个角度研究，如武术理论体系、武术教育体制、武术竞赛体系等。

1.武术理论体系的构建

对武术理论的深入研究是武术发展的一个重要方面，也是判断其是否成熟的重要标志之一。随着武术科学研究蒸蒸日上，学术成果大量问世，一些论文还登上了亚运会和奥运会的科学大会学术讲坛，多学科、多层次的立体型研究使武术理论研究更加深入，武术的理论体系框架和技术体系的理论建设初见成效，武术学科体系正在逐步走向科学、严密。值得提出的是，由于武术基础性理论十分薄弱，理论研究的起点较低，加之研究团队相对其他学科整体素质有待提高等原因，武术理论研究仍远远落后于实践的需要，在许多方面，现有的武术理论还难以做出应有的科学阐释和理论指向。

2.武术教育体制的发展

（1）武术进入现代学校教育的初始

1915年，旧有武技（武术）正式进入校园，武术进入学校教育推动了"尚武"之风，振奋了国人精神。1936年2月，颁布的《暂行大学体育课程概要》中规定了武术内容，学校武术在摸索中迈出了第一步。

（2）学校武术教育的逐步规范

中华人民共和国成立后，武术作为民族文化遗产得到重视。1952年，国家体育运动委员会成立后，武术被列为推广项目，并对武术等民族形式体育进行挖掘、整理、继承与推广工作，为后续学校武术内容的多样性奠定了基础。教育部于1956年3月和6月分别颁布的《小学体育教育大纲》和《中学体育教育大纲》中编写了武术方面的内容，1961年又进一步规定了每学期武术课的教学时数，完善了学校武术教育课程的基本规范。

（3）学校武术教育的复苏与高速发展

改革开放后，教育领域的体育课程得到了全面的复苏与发展，1978 年 3 月教育部的颁布文件中明确提到：在注意科学性和增强体质的同时，要保留武术本身的风格和特点。相比先前大纲，武术技术内容有了很大改进，使套路简洁明了化，降低了学生学习难度。1982 年 12 月，国家体委在北京召开了第一次全国武术工作会议，会议总结了过去几十年经验，要求加强学校武术教育的师资力量，使武术在学校教育中进一步得到重视，也为以后学校武术教育发展指出了方向。国家教委在 1987 年颁布了《全日制中小学体育教学大纲》；1988 年间，又对学校武术授课内容进行了调整，增添了攻防技击练习、五禽戏八段锦等传统武技内容，使得学校武术内容更为丰富多样化，也由单纯技术层向精神文化层转变。1998 年《我国武术段位制》颁布，2005 年国家体育总局武术研究院组建了"关于武术教育改革和发展的研究"课题组，使段位制与学校武术结合，为学校武术教育发展提供了新思路。

（4）学校武术教育的转型

2008 年奥运会后，学校武术教育内容由注重单一技术向注重技击本质、精神文化传承转变，加强对学生的多方面教育。2013 年 9 月，教育部成立了由 26 所高校组成的"全国学校体育武术联盟（中华武术）"，确立了武术教育改革理念，充分关注了学生的体质和健康。2015 年，教育部重点选择了武术等 7 个项目，组建由体育学院牵头的全国性联盟，推进中小学体育课改革，以提高学生体质健康水平、提高学生运动技能、培养学生健全人格。学校武术教育也更加注重专业技能与精神文化全方位的培养，开始深入挖掘武术内在精神文化价值。

3. 武术竞赛体系的发展

1953 年，全国民族形式体育表演及竞赛大会在天津举行，这次大会以武术为主要内容，标志着武术作为体育项目开始进入竞赛领域。1956 年，武术表演大会在北京举行，共有 12 个省市单位参加。1957 年，在上述两次大会的基础上，国家体委确定了武术为正式比赛项目。

1958 年 9 月，有 27 个省市单位参加的全国武术运动会在北京举行。会后，由我国武术协会组织部分专家，起草了中国第一部以长拳、南拳和太极拳为主要竞赛内容的《武术竞赛规则》，并于 1959 年由国家体委正式批准公布施行。于 1959 年 3 月召开的全国青少年武术运动会和 11 月举办的第 1 届全国运动会的武术比赛分别使用了该规则。这样，武术作为一个体育项目实行竞赛的轮廓和具体办法就大体形成，武术比赛步入了正规化的轨道。1984 年，在全国武术表演赛逐步走上了以优秀运动队为主的套路比赛、表演项目逐渐减少的基础上，国家体委将全国武术表演赛改为全国武术比赛，进一步推动了武术竞赛的发展。1985 年，国家体委颁布、实施《武术运动员技术等级试行标准》，极大地鼓舞了广大武术运动员勤学苦练、不断提高运动技术水平的热情。1989 年，为适应武术运动的发展和竞赛工作的需要，国家体委又将全国武术比赛改为全国武术锦标赛，并采取了一系列的改革措施，把武术套路团体赛和个人赛分开进行。套路团体赛采取分级赛和升降级制。这样既为运动员提供了较多的竞争机会，强化了公平竞争的机制，又促进了武术套路训练和技术水平的提高，武术竞赛进入了一个新的发展阶段。

1990 年，武术成为第 11 届亚运会的正式比赛项目。1997 年，武术不仅是第 8 届全运会的正式比赛项目，而且是当时全运会唯一非奥运会项目。2003 年，为了适应武术运动申报奥运会项目的需要，国家体委对《武术（套路）竞赛规则》做了较大的修订,武术比赛评判的客观性得到了进一步的提高。

4.武术在国际的传播与交流

把中华传统武术推向世界，扩大中华武术在海外的影响，对显示中华民族特有的智慧和力量、发展国际的文化交流、增进世界各国人民之间的友谊，都有深远的意义。

我国国家和地方曾多次派遣武术团、队到国外表演、访问。这些出访不仅扩大了中华武术在海外的影响，而且为我国的外交工作做出了贡献。20 世纪 80 年代中后期，随着我国的改革开放，武术开始真正走出国门，在"要积极稳步地把武术推向世界"方针的指引下，采用"走出去，请进来"的办法，武术运动在越来越多的国家广泛开展起来。1985 年 8 月，国际武术联合会筹备委员会在西安举行的第 1 届国际武术邀请赛期间成立。随后在国际武联筹委会的影响和推动下，各洲的武术组织也纷纷成立。例如，1985 年欧洲武术协会在意大利成立；1986 年南美武术功夫联合会在阿根廷成立；1987 年亚洲武术联合会在日本横滨成立；1989 年由扎伊尔牵头成立了非洲功夫联合会；1990 年 10 月，国际武术联合会在北京正式成立。自此，武术运动在世界范围内走上了有组织的发展阶段。1999 年 6 月 20 日，在韩国汉城召开的国际奥委会第 109 次全会上，国际武术联合会得到国际奥委会的临时承认。2002 年 2 月，国际奥委会第 113 次全会通过正式承认国际武术联合会的决定，武术同时成为国际奥委会承认的体育项目。

"源于中国，属于世界"的武术，作为我国优秀的民族文化和良好的运动项目，已经成为沟通我国和世界各国人民的桥梁和友谊的纽带，成为世界其他国家和民族了解中国的一个重要的窗口。

第三节　传统武术的流派与类别

一、传统武术的流派

在几千年的发展变化中，传统武术已经得到了不断的发展和完善，开始逐渐形成不同的武术派别。每个武术派别都有自身的武术风格和技术特点。总而言之，传统的武术流派主要有"长拳"与"短打""内家"与"外家""黄河流域派"与"长江流域派""南派"与"北派""少林"与"武当"派等。除了这些流派外，武术按照姓氏的划分，又可以分为以下几种，分别是陈式太极拳、杨氏太极拳、吴式太极拳、武式太极拳和孙式太极拳等。

（一）"长拳"与"短打"

无论是在历史发展的长河中，还是在武侠小说中，少林都是武术领域发展最为成功的。在民间，少林武术也引起了较大反响。少林武术派，以拳械训练为主，具有节奏鲜明、大开大合、气势磅礴、快速有力、势正招圆等特点。其武术击技以直拳、摆拳、勾拳为主，这些都属于长拳。短打指的是动作幅度小、贴身近战、短促而多变的拳术。

（二）"内家"与"外家"

在武术类别划分中，所谓"内家派"，一般是指"武当派"。武当派的创始人张三丰创立了用于内修的太极拳法，其也是武当代代相传的拳法，在当代社会中，仍如雷贯耳。

峨眉拳也是内法拳中最著名的拳法之一，峨眉拳汲取了众多拳法的长处，具有独特的技法和风格。峨眉拳术分为四大家和四小家。峨眉派从古至今都是女子武术的学习流派，创立初期，只招收女性弟子。但是随着时代的发展变化，峨眉拳便成为男女都可使用的拳法，具有科学成系的武术套路。相比注重以柔克刚、以静制动的武当、峨眉来说，少林成了名副其实的外家拳的代表。

（三）"黄河流域派"与"长江流域派"

《中国精武会章程》等书中，使用了"黄河流域派"与"长江流域派"，这是划分南北方武术的笼统方法。

以江河流域为界，不同区域的武术有着不同的风格特点，因而在划分上又衍生出许多小流派。

（四）"南派"与"北派"

"南派"与"北派"是按照地域来划分的，此方法以流传地域为基础，并受地理环境气候的影响。

一般认为黄河流域及其北属于北方，长江流域及其南属于南方。《北拳汇编》等书使用了"南派"与"北派"，之后此分类方法便在民间流传开来。

我国北方自然条件比较严酷，气候寒冷，地形多平原，这使得北方人往往有着健壮的身体和直爽的性格。反映在拳式上，主要表现为击技多长拳阔步，讲究以进取胜。同时，"北派"还流传有丰富多样的武术腿法，动作起伏明显，步伐快速，刚健有力。

南方自然条件较为优越，气候温和，地形多为山丘，这使得南方人的体质稍逊，性格上也偏于温和。反映在拳式上，主要表现为击技多短打小步，讲究以机取胜。相对于"北派"，"南派"流传的武术拳法多，腿法较少。"南派"的拳法动作紧凑，劲力充沛。

鉴于南北方不同地域影响下所出现的不同拳术与腿法，还产生了一种"南拳北腿"的说法。

（五）"少林""武当"派别

有些人就单一的书本文化知识将武术流派划分为少林、武当、昆仑、峨眉、崆峒五大派别。由于这种笼统的划分方法在很大程度上受到了小说的影响，所以有些片面。属于外家拳的少林武术与属于内家拳的武当武术二者之间最大的区别就是一刚一柔。

（六）太极拳流派

1. 陈氏太极拳

陈式太极拳由著名拳师陈王廷创始于明末清初，所创老架路五套，经陈式世代传习、演化，又增新架路两套。经过精心编排的这几路太极拳的动作、速度、强度、身法和劲道各有不同。以前三路为例，第一路动作简单，柔中寓刚，柔多刚少，以缠丝劲的锻炼为主，行气运动时以"掤、捋、挤、按"四正劲的运用为主，以"採、挒、肘、靠"的四隅手的运用为辅；而第二路的动作则较为复杂，疾速紧凑，刚中寓柔，刚多柔少，用劲以"採、挒、肘、靠"为主，以"掤、捋、挤、按"为辅；第三路以刚发劲为主，强调震足发劲，并注重蹿蹦跳跃、腾挪闪展的步法锻炼，体现的是柔缠中显刚、快、脆的特点。

传统套路有头套、二套、三套、四套、五套、长拳一百零八式、炮捶、器械、对练套路、老架二路四十二式、小架一路六十四式、老架一路七十四式、新架一路八十三式、竞赛套路五十六式等。新编套路有陈式心意混元太极拳十八式（又称美人太极拳）、陈式心意混元太极拳四十八式、陈式心意混元太极拳三十二式（又称三十二式炮捶）、陈氏二十四式、陈式心意混元太极剑及美人太极剑、陈氏太极拳三十六式普及架等。

在锻炼陈氏太极拳的时候，练习者要注重自身意、气、身三者的密切配合，以意行气，旋腰转节节贯穿。在推手中，以缠绕粘随为主，并注意运用"掤捋、挤、按"，做到"纵放屈伸人莫知，诸靠缠绕我皆依"；在粘贴缠绕过程中，做到听劲懂劲，借力制动，发劲制敌。

2. 杨式太极拳

杨氏太极拳由河北永年人杨露禅所创。杨露禅在学习太极拳的时候从师于河南温县陈家沟陈长兴，随后与其子杨健侯、其孙杨澄甫等人在陈式老架太极拳的基础上，创编发展了"杨式太极拳"。现在广为流行的杨式太极拳，是删改了陈式老架中原有的纵跳、震足、发劲等动作，由杨健侯修订为中架子，又在杨澄甫的一再修改后最终成型的杨式大架子。杨式太极拳拳架结构严谨，身法中正，动作和顺，舒展简洁，刚柔内含，轻灵沉着，轻松自然。杨式太极拳的姿势平正朴实，练法简易，由刚入柔，刚柔相济。

传统拳套有四路：大架、长拳、中架及小架（亦称用架和快架）。一些人把杨澄甫大架再次简化，八式、十六式、二十四式、四十八式竞赛及四十八式等被编成更短的拳架，因更为符合现代人的生活习惯而被广泛流传。其中最为经典的改编套路就是现今众所周知的二十四式简化太极拳。

3. 吴式太极拳

吴式太极拳由河北大兴人吴鉴泉创编。在杨露禅到北京授拳时，吴鉴泉的父亲吴全佑从学太极拳，后又拜杨露禅次子杨班侯为师。在吴全佑对杨式小架太极拳进行了逐步修订的基础上，吴鉴泉将其改进修润成了一个新的太极拳流派，即"吴式太极拳"。吴式太极拳以柔化著称，循规蹈矩的动作轻松连绵，独具静态之妙。拳架虽然小巧，但具有大架功底，在紧凑中自具舒展，不显拘束。推手时，端正严密，细腻熨帖，守静而不妄动，以善化见长的吴式太极拳有单人推手法、双人推手法（亦称打轮）；套路有二十四式、四十五式、三十七式百零八式等。

4. 武式太极拳

武式太极拳由清末河北永年人武禹襄创编。武式太极拳既不同于陈式老架和新架，亦不同于杨式大架和小架，它学而化之，自成一派。武禹襄借鉴了李星芬《射经》中有关身法要点，总结提出了"提顶、吊裆、含胸、拔背、松肩、沉肘、裹裆、护肫"的身法八要。到了第四世，郝月如先生又增加了腾挪、闪战、尾闾正中、气沉丹田、分清虚实，成为十三条。武式太极拳有着简洁连贯舒缓平稳的动作，架势虽小而不局促，左右手各管半个身体，不相逾越，手伸出时不超过足尖，收时不紧贴于身，在进退旋转的过程中，胸部和腹部始终保持中正；迈步时足尖先着地，然后再徐徐放下足跟，弓步时前腿膝盖不得超过足尖，后腿不得挺直高拔。拳势讲究起、承、开、合，用内功的虚实转换"内气潜转"来支配外形，并进而达到意、气、形三者合一的境界。其套路有十三式、四十六式、八十五式、一百零八式等。

5.孙式太极拳

河北完县人孙禄堂，自幼酷爱武术，从师李魁垣学形意拳，继而从学于李之师郭云深，又从师程廷华学八卦拳。在从师郝为真学太极拳后，经多年研练且功夫深厚的孙禄堂将形意八卦、太极三家拳术的精义融为一体，继而创造了"孙式太极拳"。具有进退相随、迈步必跟、退步必撤等特点，其动作舒展圆活、敏捷自然。练时双足虚实分明，全套练起如行云流水，绵绵不断。由于孙式太极拳要求练习者在转身时要以"开""合"相接，所以又称"开合活步太极拳"。其套路有二十四式、四十九式、七十三式等。

二、传统武术的类别

我国的武术文化博大精深，在历史的发展过程中，出现了各种不同的武术类型。传统武术类型可按其特点或运动形式加以划分。

（一）以传统武术特点划分

我国的传统武术内容丰富多彩，各有特色。具体可以分为：少林拳系，以柔克刚的武当派，以道术武器为代表的昆仑派。

1.少林拳系

少林拳是外家拳的一种，以长拳见长。少林拳基本上都是由遁入空门的民间武术家传授发扬而来，比较有代表性的包括龙拳、虎拳、鹤拳、豹拳和蛇拳的"少林五拳"，并进行更为系统、具体的划分。少林拳系可分为小洪拳、大洪拳、罗汉拳、梅花桩、炮捶等几十种少林拳法。

众多的少林拳法，和少林特有的刀、枪、剑、铲、棒等器械的击技法以及少林易筋、阴阳功、混元气功等气功一样，都是少林武术的重要组成部分。

2.武当派

在中华传统武术中，武当武术是以柔为主，主张以柔克刚，讲究内功心法。武当武术起源于元末明初，盛行于明末清初。武当功法不讲求进攻，以自卫为主。武当拳的风格特点是以静制动，以柔克刚，以短见长，以慢击快；武当拳最具有代表性，且最为著名，就是在后世衍生出许多分支且对后世传统武术有着重大影响的太极拳。武当的主要击技特点是动作小、变化大、以柔克刚、借力打力；攻防时交叉使用以静制动和以动制静，多顺势前钻，借力反击，以快取胜。

3.昆仑派

昆仑派是传统武术中武器使用的集大成之派，其武术特点是使用各种小巧精致、携带方便的兵器。在交手中，这些兵器往往不易被对方发现，有出奇制胜之效，昆仑派武术讲究的是实打实拿，目的是以击技的运动方式强身健体、增加功力。

（二）以运动形式分类

我国传统武术可分为武术套路表演和武术散打实战。

1.套路运动

传统武术套路运动是以踢、打、拿、击、刺等为基本动作，并在整套练习中融入了攻守进退、动静疾徐、刚柔虚实等矛盾运动的变化规律。传统武术的套路运动按演练的形式可分为单练、对练和集体演练三种类型。

（1）单练

单练即个人独自练习，包括徒手的拳术与器械。

①拳术

中国拳术是中国古代民间的一种徒手击技技术，其在各个历史时期的发展也有所不同。

拳术讲究的是力道与套路，记载于史料中的拳术内容，主要包括"手搏""手足""角抵"等。从传统武术的产生与发展这一角度来看，拳术的历史在剑术之后。拳术的发展始于汉朝时期，在以后的武术发展中，拳术的地位逐渐上升，发展越发迅猛，并慢慢形成了各种拳术套路。中国拳术可以分为四大类：一是形意拳、八卦拳类；二是通背拳、翻子拳、劈挂拳类；三是地躺拳、象形拳类；四是少林拳、太极拳、各门派的传统南拳，以及查、华、花、豹、燕青戳脚等其他拳。

形意拳又称行意拳，相传是宋代的抗金名将岳飞所创。它以动作整齐简练、严密紧凑、发力沉着著称，是我国传统拳术之一。

八极拳拥有悠久的历史，以其独特的风格和拳法自成一家，并在历代传人对其进行刻苦精研的基础上，不断发扬光大。八极拳在拳种里面占据着相当重要的位置，武谚有云："文有太极安天下，武有八极定乾坤"。八极拳是一种短打类型的拳术，以挨、傍、挤、靠等贴身近攻作为主要内容的拳术，具有节短势险、刚猛暴烈、猛起硬落、逼身紧攻的运动特点。

通背拳以其伸臂动作由背发的特殊伸臂动作著称，相传为清末时的祁信所创。近代通背拳主要流传于北京、天津一带。与一般拳法比较，这种拳法的拳或掌的手形较为丰富多样，其运动特点是出手为掌，击手成拳；腰背发力，放长击远；甩膀抖腕，立抢成圆；大开密合，击拍响亮，发力冷弹脆快。

被视为中国武林精华之一的翻子拳，在明代被称为"八闪翻"。该拳法以直拳为主，并十分注重腰力的使用。翻子拳的拳法理论认为，以腰力贯穿其身法，可使两拳快似闪电、密如疾雨。翻子拳在实战中非常实用，往往使人防不胜防；翻子拳讲究动作一气呵成，具有步疾手快、身势闪摆、翻转灵活、双拳交替快速的运动特点。

劈挂拳古称"披挂拳"。劈挂拳于明代中期开始盛行，是一种以猛劈硬挂为主、长击快打、兼容短手的拳术。其运动特点是远则长击、近则抽打，可长可短、可收可放，吞吐含放，翻滚不息。

地躺拳又称为地功拳、八折拳，其拳术内容主要包括跌、扑、滚、翻等摔跌技术。其运动特点是腰身灵活、跌法巧妙、顺水推舟、起伏闪避、一气呵成。地躺拳的技巧性较强，其打斗技术除了打击法之外，多半是利用杠杆原理，并通过高难度的动作来击倒敌人之后再予以擒拿。

少林拳因嵩山少林寺而得名，在众多拳法中拥有武术正宗的崇高地位，为少林武术的总称。注重击技、立足实战的少林拳建立在中国古代健身术的基础上，其套路结构短小精悍，严密紧凑，巧妙而多变。动作起、落、进、退多为直来直往。少林拳的主要套路有少林五祖拳、小洪拳、大洪拳、罗汉拳、梅花拳、七星拳、柔拳等。进退和顺，起落自然，变换灵活，以及步法的轻灵敏捷、沉实稳固，是少林拳的主要运动特点。明末清初之际，少林武术在本寺武术的基础上通过广泛吸收、融汇、改进北方许多拳派的精华，最终形成了内容渊博、技艺精湛的少林拳系。

太极拳的运动特点主要表现为柔和缓慢、圆活、均匀且连贯。它以掤、捋、挤、按、採、挒、肘、靠、进、退、顾、盼、定等为基本运动方法。虽然太极拳有许多不同的派系，但为达到太极拳特色的要求，有五点必须做到：第一，平心静气，心意相通，以意识引导动作，自然平稳；第二，让身体保持舒适、自然的状态，打拳时如行云流水；第三，需要注意全身上下，由内而外，由表及里的整体性；第四，保证动作重心的稳定，以由内及外的对于动作的衔接进行协调；第五，轻松沉稳，外柔内刚。

南拳是流行于南方各地的拳种，所以又称南方拳。南拳拳种流派很多，比较有名的有洪拳、刘拳、咏春拳、五祖拳、广东洪家的伏虎拳等。由于历史悠久，再加上师承关系的演变和北方武术的影响，形成了多种打法，各门派的特点各有不同，但总体的特点则是拳势刚烈、步法稳固、自成一体。体现出的击技特色是以小打大、以巧打拙、以多打少、以快打慢。

戳脚是北方一种以腿脚功夫为主的拳术。相传起于宋代，盛于明清。其运动特点是刚健快捷、放长击远、灵活多变、刚柔兼施，以腰为主，手脚并用，脚力向下带臀发腿，向上带肩背发手。主要步法有玉环步、转趾步、倒插步、旋转步等。相传武松打虎就是用了戳脚的套路。戳脚的套路分为武趟子和文趟子，武趟子是戳脚最原本的套路，文趟子则是戳脚发展和变化后的套路。

②器械运动

器械运动是指手持武术兵器进行练习的套路运动。传统武术中使用的器械主要包括各种兵器及练习传统武术时的附属辅助用品。器械主要由古代兵器演化而来，除了用于实战外，在其发展过程中也常被用于演练、防身或健身。器械的种类繁多，大体上可分为短器械、长器械、双器械和软器械四种。短器械主要有剑、刀等，长器械主要有枪、棍、大刀等，双器械主要有双刀、双剑、双钩、双枪、双鞭等，软器械主要有三节棍、九节鞭、绳标和流星锤等。

剑术的历史比拳术还要悠久，早在《吴越春秋》和《庄子·说剑篇》中就有关于古代击剑的技术和战术的相关陈述。剑术套路以刺、点、撩、截、崩、挑等剑法为基础，并辅以步型、步法加以完善。其运动特点是轻快灵活、潇洒飘逸、富有韵律，有"剑如风飞"的美誉。

刀术指的是刀的各种使用方法，主要包括劈、砍、斩、撩、扎、挂、刺等。其运动特点是勇猛快速，简练流畅，气势浑厚。

枪由古代器械矛演变而成，可分为大枪、花枪、双头枪。枪术以拦、拿、扎、崩、点、穿、挑、云、劈等枪法为基础，并辅以配合各种步型、步法、跳跃构成套路。其运动特点是虚实相生，变幻万千，不动如山，动如雷霆。

棍术是以棍为传统武术器械进行的各种武术运动的总称。棍术套路主要以抢、劈、扫、挂、戳、击、崩、点、云、拨、纹、挑等棍法为基础，并辅以各种步型、步法、身法。其运动特点是勇猛快速，密集如雨，有雷霆之势。

大刀是长器械的一种，种类颇多。其运动特点是双手握持，以腰力发劲，气势雄浑，威武、勇敢果断。其基本刀法为持、扎、劈、砍、撩、反折、平折、切、扑、击、点、刺、抽、抹、夹花、单花、拖、拉、拨、挂、画、挂、挑、削、纹、挡等，结合舞花等动作构成天罡刀、混元刀、春秋刀、定未刀、岳胜刀等多种套路。

双刀的刀身形状与单刀基本相同，双刀对合的一侧无刀盘，另一侧为半个护手盘，双刀合并犹如一刀。双刀的运动特点是刀法密集，贴身严谨，左右兼顾。由于双刀的套路练习是由劈、斩、撩、纹等刀法结合双手左右缠头、左右腕花交互抢劈等变化所构成，因此，双刀对使用者上下肢的协调能力有着较高的要求。

双剑外形特点与双刀相似，双剑合璧似一剑。其运动特点是身随剑动，剑随身移，步伐灵动。其套路以穿、挂、云、刺等剑法为主，以身法、步法以及双手的交替变换为辅。

双钩是由古代兵器戈演变而来的，主要以勾、锁、挂、搂等方法构成套路。其运动特点是起伏吞吐，矫捷优美，身随钩走，钩随身动，灵活多变。

九节鞭由鞭把、鞭头和中间八节组成，主要以抢、扫、缠、挂及各种舞花组成套路。根据九节鞭的运动形式及其运动规律，可将其划分为平圆类、立圆类、斜圆类三类。九节鞭的运动特点是上下翻飞，灵活多变，可收可放，势势相连。人们常以"收回如虫，放击如龙"形容九节鞭的运动风格。

三节棍以抡、扫、劈、戳等棍法及舞花构成套路，三节相连，节节能用。其运动特点是轻巧灵活，可长可短，可伸可缩；方向易变，不易掌握。

绳标是一种技巧性较强的项目。其主要套路用法是一根长索在身前、身后、颈部、肘部、腿部翻飞缠绕。其运动特点是出击自如、灵活收放、变幻莫测。但这种器械在练习时讲究巧劲，不易操作。

（2）对练

对练是指两人或两人以上的对手练习，包括徒手对练、器械对练及徒手与器械对练两种形式。

①徒手对练

徒手对练是指运用踢、打、摔、拿、推等击技动作，按照攻防格斗的运动规律组成的拳术对练套路。在进行徒手对练的过程中，会经常使用拳法技术、腿法技术及摔法技术。常见的对练形式主要有对打拳、对擒拿、南拳对练、形意拳对练等。

②器械对练

器械对练是指以器械的劈、砍、击、刺、缠等击技方法组成的对练套路。主要有对刺剑、对劈刀等的短器械对练，三节棍进棍等的长器械对练，单刀、进枪等的长短器械对练，以及双匕首进枪等的单双器械对练等。

③徒手与器械对练

徒手与器械对练是指双方在练习中一方徒手，另一方持器械的攻防练习套路，如常见的徒手对三节棍、徒手对双枪等。在进行徒手与器械对练的时候，练习者必须具备扎实的基本功、较强的协调能力以及良好的心理素质。相对于前面两种对练，徒手与器械对练有着更高的难度。

（3）集体演练

集体演练指的是多人集体进行的徒手、器械或徒手与器械的演练形式。集体演练是以武舞为雏形，经过历代的传承和发展后最终演变而成。据《东京梦华录》所记载，宋代有化装集体演练，多者近百人，演练时，有的披发，穿青纱，一人戴花帽，执白旗，"余皆头巾，执真刀互相格斗，击刺，作破面剖心之势"或"两两出阵格斗，作夺刀击刺之势"。

2，武术散打实战

（1）散打

散打，一般专指外家拳类的击技，是一种格斗对抗形式。在我国的不同历史阶段，散手有不同的称谓，如相搏、手搏、白打、对拆等。由于散打的实战多在擂台上进行，因此在中国民间还有"打擂台"之称。散打是与整套套路相对而言的，散打中的攻防击技动作均是从套路中抽出来的，通过单独的训练，进而转变成独立的外家拳术击技动作，如拳打、脚踢、擒拿和摔跤等。

（2）太极推手

太极推手也称打手，是太极门的技法训练项目。在训练的过程中，对练的两人需按太极拳原理和击技化解对方劲力，使对方失去平衡。它不使用有距离击撞的打踢技法，而是从双方上身接触后发动。太极推手用的是巧劲而不是硬力，讲究"粘连粘随""不丢不顶""以柔制刚""四两拨千斤"，多以弧线运动化解对方的直线之力。相对于其他拳法，太极推手的训练更为安全且不受场地的限制，因此深受广大群众欢迎。

3.短兵和长兵

短兵是指两人各手持一种特制的短器械，遵照一定的比赛规则，进行对抗的竞技项目。长兵是指两人各手持一种特制的长器械，遵照一定的比赛规则，进行对抗的竞技项目。

第二章 传统武术的文化内涵浅析

传统武术是中华民族在长期的生产劳动过程中创造并形成的一种土生土长的民族传统体育。回顾历史，中国传统文化对传统武术的发生、发展有着全面而深刻的影响，使得传统武术在各方面都带有浓厚的中国传统文化色彩。要想全面认识传统武术，了解继承和发展传统武术的现实意义，就必须深入研究传统武术的丰富文化魅力和内涵，详细分析其与中国传统文化的关系。

第一节 传统武术的文化历程

我国传统武术在数千年的发展过程中深受中国文化的熏陶和影响，是独具文化特色的民族瑰宝。传统武术是一门学问，它既含有"武"的成分，也有"文"的成分。它的"文"的部分主要是受到先秦时期思想文化和宋明理学的影响而成。

一、先秦时期文化对传统武术的影响

中国传统文化雏形的形成于先秦时期，特别是春秋战国时期。春秋战国时期是中国文化发展的第一个文化繁盛期，在这个时期，诸子蜂起、百家争鸣，文化的繁荣也开始初步影响到武术。整体而言，这一时期的传统武术已经初具以下几方面文化特色：

（1）"尚武之风"的盛行使传统武术一直保持着极为"刚健"的文化特色。

（2）在传统武术中，对中国传统哲学重"道"的特色有着鲜明的体现。

（3）传统武术讲究"重德"。

（4）老子在军事方面"不敢为主而为客，不敢进寸而退尺""以守则攻"的思想，以及墨子"非攻善守"的思想，均从文化角度表明应该促使传统武术朝防卫性文化特色的方向发展。传统武术正是在很多方面受到了先秦繁荣文化的影响，才从一门单纯的搏杀技术发展起来。如果当时的文化繁荣能够一直持续，传统武术的发展将非常繁盛。

二、宋明理学对传统武术的影响

宋明理学的兴起使中国传统文化进入第二个发达期。宋明理学以儒学为基本思想根基，并将儒、释、道三教的思想进行了综合。在当时，宋明理学思想对社会的每一个方面均有着极大的影响，传统武术也是其中之一，这是传统武术以及传统武术文化在明清时期全面成熟的一个主要原因。在这个时期，中国传统文化对武术的全方位影响主要表现在以下几个方面：

（1）宋明理学与传统武术相互融合，体现出了"刚柔相济"的特点。

（2）传统武术重"道"的特色得到全方位的体现。

（3）随着宋明理学的世俗化，"德艺双修"在传统武术的发展过程中有着全面且具体的表现。

（4）传统文化注重"和谐"的特色逐渐成为传统武术的主要技术要领和精神追求。

在当今传承民族文化、弘扬民族精神的社会大潮中，深入分析传统武术的文化特色，取其精华，去其糟粕，对于传统武术本身的发展有着十分积极的意义，对于完成国家和民族的时代使命也具有积极作用。

第二节　传统武术与哲学文化

一、我国古代哲学的基本特点

总体来看，我国古代哲学是通过研究世界的本原和历史演变的规律，从而形成了独具中华民族特色的自然观、历史观、伦理观、认识论和方法论。

具体而言，我国古代哲学有以下几方面特点：

1.我国古代哲学的根本特点是对生命的重视。中国的生命哲学源于人体文化，我国古代哲人的生命哲学即以体悟自身而认识宇宙，他们认为宇宙万物都是有生命的存在，都以正常的生命历程进行生存和演进。

2.我国古代哲学始于先秦，历史悠久，与同时期世界其他地区的哲学相比，属于少数达到较高水平的哲学形态之一。

3.我国古代哲学有道、气、理、神、虚、诚、明、体、用、太极、阴阳等独特的传统极念范畴。

4.我国古代哲学强调用整体有机连续的思维看待问题。

5.我国古代传统哲学与伦理学联系密切、相互渗透。

6.我国古代哲学思维是一种以经验为基础进行体悟的直观思维。我国古代特有的哲学体系是中华民族的文化基础，它对中华文化、古代社会的发展起着至关重要的作用。

二、我国传统武术的思想渊源

我国古代哲学的范畴很大，包括了许多传统思想及学说流派。下面从古代哲学的本体论、认识论、辩证法三方面来探讨传统武术的思想渊源。

（一）本体论

中国古代的朴素唯物主义认为"道"与"气"是构成世界的本原，其中"气"是用来解释生命历程的。在传统武术理论中，"气"被视为武术的原力、本根以及武术养生的理论基点，是传统武术生命的精髓所在。传统武术的功能、神韵、绝技等外在形态，均为"气"的演化与体现。

将本体论的另一个重要观点"天人合一"思想与传统武术相融合后，表现如下：

1.习武者追求人与自然的统一。

2.习武者会在自觉或不自觉的情况下创造出各种象形取意的拳种和拳式。

3.武术家都追求动作的和谐协调。

4.德高望重的武术家不断追求自我道德的完善和技术的完美。

（二）认识论

我国古代哲学认识论的基本概念为"知行"观。古代哲学家认为，只有把认识和实践统一起来才能称得上"善"。

"知行合一"是传统武术认识论的基础，是传统武术发展的重要理论。在一定的社会需要下所产生的传统武术，其演练武术的宗旨可用"学以致用""直觉体悟""切合实用"等词语来表达，即强调基本功练习，强调切合实用知行合一在武术中的体现，要求学习者身体力行直接去领悟、体验和把握。

（三）辩证法

我国古代哲学家通过对天地万物两两对立而又统一的自然现象进行考察与理解，进而萌发了辩证思维。我国传统的辩证思维对于中华传统武术也有着深刻的影响，以阴阳学说和太极思想为例：

1.阴阳学说

传统武术"顺阴阳而运动"的思想在先秦时已见记载，其中最具特色的是春秋末年"越女论剑"和战国时《庄子》的有关论述。传统武术讲求"顺阴阳而运动"的原则，即不论何种拳术，都要通过"气沉丹田"来维持体内的阴阳平衡。该原则也同样适用于传统武术的实战之中。另外，传统武术还以阴阳互根、阴阳消长、阴阳转化作为传统武术技法的基本原理和传统武术运动的规律，对多种拳技理法进行解释。

2.太极思想

太极思想是随着"太极"理、象研究的发展，逐渐渗透到古人生存方式中并形成的一种思维方式。它作为我国古代哲学中认识问题和解决问题的根本法则，自然也影响着传统武术的发展，太极拳的出现就是"太极"文化的思想内涵在传统武术上的最好体现。

总之，我国古代哲学作为传统武术的思想渊源，对于传统武术技理的发展产生了重要影响。

三、我国古代哲学对传统武术的影响

我国古代哲学思想构成了传统武术的理论基础并对我国传统武术文化的形成与发展产生了重要影响。

（一）儒家思想与传统武术

我国古代儒家学派强调"仁爱"，认为"仁"为"爱人之本"。传统武术一直把以"仁爱"为基本伦理思想所派生出的"忠、孝、智、仁、勇、宽、信、敏、惠、温、良、恭、俭、让"等道德标准当作伦理思想的核心。儒家学派历来推崇"君子"文化，它把"君子"的行为、道德规范作为"成人"的标准，希望人们努力达到。传统武术的发展离不开起到向导作用的儒家伦理道德思想，以及所提倡的"文武双全""仁勇兼备"的思想。

儒家思想认为，作为君子光有仁爱是不够的，必须同时掌握"六艺"，即"礼、乐、射、御、书、数"，其中"礼""射""御"都和传统武术密切相关。在传统武术中存在着"仁者必有勇"的思想，即追求文武双全、仁勇兼备。这对传统武术从纯武的范畴中脱离出来，积极与中国文化相融合，以及其自身的发展起到了导向的作用。

在我国古代，"为国为民，兼济天下"的儒侠文化备受推崇。这些儒侠的共通点是都有着兼济天下的志向，勇敢入世的态度，鞠躬尽瘁、死而后已的献身精神。他们之所以会行侠仗义，多与国家和江山有关，当国家遭灾受难、民族受欺侮之时，他们便会挺身而出，为维护国家和民族大义奋不顾身，也就是我们常说的忧国忧民、为国为民。

需要指出的是，最开始出现的侠，往往并不具备完备的道德理性。侠客们主要是知恩图报，看重诺言、义气胜过自己的生命。这种侠对个人尊严看得极重，收受了他人的恩惠就会觉得自己的人生有了亏欠，为此他们会不惜一切代价进行报恩，直至把心理平衡才安心。而后世的侠则更富理想主义和浪漫主义的色彩，因为他们并不限于报答和自己有特殊关系的人，而是普遍地扶危济困。

"为国为民，侠之大者"是一种中国人独有的伦理价值。这是成熟完整的武侠精神，是传统武术与儒家的最高价值标准完美结合的产物。

（二）阴阳学说与传统武术

1. 阴阳学说与武术

阴阳最初的含义是很十分朴素的，表示阳光的向背。向日为阳，背日为阴，后来引申为气候的寒暖，方位的上下、左右、内外，运动状态的动与静等。"阴阳不测之谓神"，动、静之间，刚、柔之变，以及虚实、开合、进退、起伏、攻守、内外、显藏、始终等，都是在阴阳互补中产生的。

我国古代学者认为，阴阳的规律是自然界一切事物固有的，自然界中的一切现象都存在着相互对立而又相互作用的关系，世界本身就是阴阳两气对立统一运动的结果，人类与宇宙万物都是由阴阳互动而成。他们用阴阳的概念解释自然界两种对立和相互消长的物质力量，用阴阳学说揭示宇宙间一切事物相互作用的变化发展规律。"动静相生""刚柔互补""快慢相间""后发先至"等，都是以阴阳观念为基础所产生的传统武术的基本要求。阴阳之道构成了我国传统武术独具风采、变化丰富却又架构清晰的辩证模式。传统武术基于"一阴一阳之谓道"的哲理，在延绵数千年的冷兵器时代坚持遵循"顺阴阳而运动"的原则并不断发展着。不论何种拳术，都要维持体内的阴阳平衡，所以各种拳术都要"气沉丹田"。

（1）形意拳以阴阳学说为理论基础，以五拳为主，以"捶论"作为拳论的重要内容，这里的阴阳相应观念极为清楚。

（2）太极拳的理论基础是动之则分、静之则合的阴阳变化。其基本拳理是"阴不离阳，阳不离阴，阴阳相济，方为懂劲"；"太极者，无极而生；动静之机，阳之母也"。

（3）八卦掌以易理析拳理，以走圆转圈为主要形态，走中步步都要阴阳俱合、内外浑一、形神兼备，要充分符合刚柔、前后、虚实、显藏等阴阳离合之要求。

（4）《少林寺短打身法统宗拳谱》把阴阳离合转化看成技巧的根本大法，并在论"立身立足之法"时说："人一身伫立之间，须配合阴阳，方知阴来阳破，阳来阴破之妙。若不明阴阳，则无变化之妙，而有呆钝之嫌。先贤曰：

'敌未交手，便知胜败，乃明阴阳之理也。'"

总而言之，在我国传统武术中，虚实、刚柔、快慢、动静等对立统一且能在一定条件下相互转化的阴阳学哲理，贯穿于各种拳派、拳路和器械套路攻防击技之中。

此外，我国传统武术在解释和规范拳技理法的时候，还强调要以阴阳互根、阴阳消长、阴阳转化作为武术技法的基本原理。阴阳互根是说阴与阳互相为根基。拳家认为，孤阳不生独阴不长，要阴中有阳、阳中有阴。想要使动作协调灵便，就要有序配合主动肌和对抗肌。如长拳要与短打相辅相成，劲力要"刚中有柔，柔中有刚，刚柔并济"。关于阴阳消长，武术家们认为，每一个阴阳对立的动作，都势必呈现出此强彼弱、此弱彼强的态势。阴阳转化要求习武者在套路演练技法的时候遵循"意欲向上，必先寓下；意欲向左，必先右去"的动作路线规律，采用从一定状态反向入手的技术方法和训练步骤。阴阳转化原理体现在传统武术训练中，一般要求先练静功，由静功提高人体对外界的感觉能力，再在意识的支配下发起动作。

2.太极思想与武术

太极拳可谓是中华传统文化中的一朵奇葩，它是以太极思想文化作为理论基础的。比照太极图来看，太极拳中动静、刚柔、虚实、开合等对立统一状态，与太极图的阴阳消长、转化规律是一致的；在练习太极推手时，两人双搭手的形态，则恰如平面太极图中的双鱼环绕。太极拳的动作圆活，招招不离弧形，式式都像圆形。练习中，双方臂膀组成环状不断变化，你进我退，正符合彼阴吾阳、相互消长、交替变化的道理。

第三节　传统武术的艺术内涵

传统武术与艺术有着密切的关系。具体来说，武术与杂技、舞蹈、戏曲等都有密不可分的联系，它们相互影响、相互促进，共同促进了我国传统文化的繁荣发展。下面重点就传统武术与杂技、戏曲、舞蹈以及其他文化形态之间的关系进行解析。

一、我国古典美学的特质

美学是研究人对现实审美关系的一门学科，主要包括通过研究审美对象和审美意识认知美的本质根源、美的各种存在形态；通过研究审美关系，了解审美对象和审美意识的本质特征、相互关系等。我国传统美学具有丰厚的文化蕴含，是中华民族生命意识的洋溢，它在发展演变过程中呈现出生生不息的生命力。

在我国古代，更多的是通过对"道""气""妙"的探讨来反映美的本质。与西方美学思想相比，我国古代美学思想更强调宇宙本身的意蕴和人的精神境界。如"比德说"，即通过从不同角度进行联想和想象，把自然人格化、道德化，把人的特性客观化、自然化，并依此找出自然事物与人的相似之处。我国古代的哲学思想认为，美的本质是自然，自然即为美。这里的自然是指符合事物的规律。"合乎自然的即为美，反之则为丑"的审美标准不仅适用于天地万事万物，而且适用于人类社会。天地万物及人都是阴阳二气交感而生的，万物的发生、发展、变化都是无目的而合目的。因此，美在生命中，生命即美，而这种美的理想境界是"和"，因为在"和"的状态下，生命能得到最顺畅、最理想的发展。以"和"为美，是我国美学一个极为重要而又古老的思想。我国古代美学文化的特质主要表现为以下几方面：

（一）中和之美

"中和之美"是中华民族审美思维方式的显著特色。"中和"思想本指中正、平和，后引申为一种符合中庸之道的道德修养原则。从儒家思想的角度来看，"中和"是最高审美标准。儒家思想认为，只要人的道德修养能达到致中的境界，那么天地万物均能各得其所，达到和谐的境界了。

（二）协调之美

"协调之美"是我国传统美学历来的一贯主张。"协调"一词原本出自我国古代道家的"无为"和儒家的"中庸"，并逐渐演变为和谐一致、配合得当之意。儒家强调"人和"即社会美，道家强调"天和"即自然美，佛家强调"心和"即心灵美。和谐、协调是一切美好事物的共同特征。

（三）和善之美

"和善之美"是道德内容与艺术形式的和谐统一。所谓"和善"，是指和谐的形式与仁善的内容的有机统一。"和"是一种外在美，意在协调；"善"是一种内在美，意在仁德。儒家思想认为，尽善尽美、至善至美，是我国传统美学的最高境界。

（四）和合之美

中华"和合文化"源远流长，早在先秦时期，和、合二字就已经存在了。其中，"和"有和平、和谐、祥和之意；"合"有融合、结合、合作之意。在传统美学意义上，"和合之美"的审美观要求审美主体从整体上观察客体。只有在整体上能够体现出和谐协调的客体，才是美的。"和合之美"的审美观还要求客体与周边的自然、社会环境，以及客体自身内部各个部分之间的关系都能够和谐协调。例如，在将"和合之美"应用于艺术设计中的时候，设计者必须重视设计的整体效果，尤其要注意设计品内部各个构成要素之间的协调统一，以及设计品与周围环境的协调统一。

二、传统武术与杂技

杂技这种表演艺术具有超常的技巧性。在原始社会中，人类在与自然不断的争斗中显示自身的力量和技能，这些显示方法逐渐形成了原始艺术，这就是杂技的起源。杂技的发展经历了自娱到娱人的过程。可以说，杂技与传统武术（由自卫本能升华、攻防技术积累而产生）的出现时间基本相同。与戏曲、歌舞等表演艺术形式相比而言，杂技与武术更接近。杂技中的一些项目就是源于超绝的武技。杂技艺术在我国发展历史悠久、源远流长，其对我国武术的发展产生了直接的影响。力技、形体技艺、幻术、投掷技艺、乔装动物戏、动物戏、滑稽是我国古代杂技的七个类型。这些类型的杂技中，直接来源于武技或可以向武技转化的杂技项目也有不少。我国传统武术与杂技之间的关系可以用同源共生和互传互补来说明。

古代传统武术的形成与发展总是离不开杂技，二者间的融合非常密切。武术运动中的一些兵器就是杂技中所用的表演道具，如杂技中所用的"飞叉"其原形就是武术器械。杂技习练者中武艺高强的人也不少，这些人物在传统武术的发展和普及中发挥了积极的作用。此外，杂技练习中也采用一些传统武术的训练方法，"内练一口气，外练筋骨皮"等训练技巧在杂技与传统武术中是共用的，杂技表演中，经常会出现我国武术的硬功和柔术，这些表演项目以其独特的风格与魅力在杂技舞台上长年不衰。

三、传统武术与中国戏曲

念、唱、做、打是中国戏曲的几种重要表现方式，这些表现方式与传统武术之间关系密切，歌舞是戏剧的雏形。中国戏曲载歌载舞，自然也起源于歌舞。中国戏曲作为一项表演艺术，独具风采，在世界戏剧体系中占据重要的地位。值得注意的是，中国戏曲之所以在世界上有广泛的影响力，除了其融合了歌舞元素外，还在于其中包含着丰富多彩和规范多姿的武打艺术。

武术对戏曲的发展产生了积极的影响，戏曲武功中的技术大都源于武术，就武打技术而言，戏曲武打艺术的发展与成熟与武术的成长几乎是同步的。而且，戏曲的内容也受武术的影响。可以说，武术对中国戏曲的影响是多渠道、多层次的全面影响，而且在文化层面的影响更深入。

四、传统武术中美的体现

我国传统武术是高度的力与美的结合，兼具了健身和艺术之美。具体来说，武术的美主要表现在以下方面：

（一）击技之美

传统武术拳种众多，动作千变万化，但都是为了追求因掌握了某种攻防格斗技术而引起的精神愉悦，即通过实现某种目的而引起的愉悦之感，这是最初的审美萌芽。经历代传统武术家将其特有的攻防格斗技艺加以进一步的提炼、概括、加工和程式化，逐步形成了形式较为稳定的套路招式。这些套路招式既具有击技的特点，又符合生命的自由活动形式。人们在观赏传统武术的击技之美时，沉淀于击技之中的智慧、才能、力量、灵巧、勇猛、坚强等的体现，能够带给人们一种紧扣心弦的特殊审美感受。

（二）练"气"之美

传统武术的各家各派都把"气"作为武术的根本，并始终强调练"气"的重要性。虽然各家各派对于"气"为何物及如何练"气"的看法不尽相同，但都将练"气"看作武功达于化境的基本条件。如我国古代拳法家们认为，在修炼武术的过程中，对于人生命的根源，即"气"的修炼是必不可少的一环。

我国古典美学认为，"气"是美的本源，美依赖于"气"而存在。在传统武术中，以生命符合规律、和谐发展为美，以表现生命力的刚健充实为美。传统武术家们通过内修炼气，达到"元气充足"、精神健旺、力道厚实、动作灵敏的效果，并借此显示出生命力的刚健、充实，这种行为本身就是一种美的体现，是对人生命的自由活动的肯定。

传统武术所注重的练"气"，无论是对人的生命力和创造力的修炼，还是对生成为人的元气的修炼，其核心都是极端重视人的生命根基。

（三）神形之美

传统武术强调神形兼备，内外合一。如长拳中的八法，"手、眼、身法、步、精神、气、力功"，南拳中的内练"心、神、气、胆"，外练"手、眼、身、腰、马"，形意拳的内外三合。传统武术的各家各派对神形兼备的提法都有一个共同的根本点，即要求使内部意气和外部神气在运动中趋于和谐，进而使内外运动与生命的自由和谐运动相符。除此之外，传统武术家们还认为"神"代表着内在的精神世界，主要包括美好的道德、高尚的情操、完美的个性等。神是形的内蕴、灵魂，离开了神，就失去了武术特有的韵味。而人们通过观察传统武术的运动形式，能联想到生命生生不息的运动、生命的勃勃生机，进而引发审美上的愉悦。

（四）意境之美

传统美学范畴"意境"，通常被解释为文艺作品中所描绘的图景和表现的思想感情融为一体而形成的一种艺术境界。当具体到传统武术之中的时候，则可理解为是套路的形成和思想感情的相互融合。

套路的形成讲求"情""境"交融，"情""技"交融，"神""形"交融。即按演练者、编创者一定的价值取向和审美需要，将具有攻防意义的击技动作进行艺术加工，并在其中融入思想情感。如在演练套路时，传统武术家只有把自己"置于一个战斗的场合"，才会气韵生动、气势如虹，表现出一种英武不屈、坚韧不拔的斗志和气概，再现出战斗的艺术意境。武术的意境美还体现在对动作招式的命名上。例如，苍鹰捕食、大鹏展翅，体现了传统武术家气吞千里、豪情万丈的雄伟气魄，让人有如在观赏一幅英雄气概十足的画面；白猿献果、猕猴攀枝则体现闪展腾挪和巧妙轻灵，让人体验到灵动、活泼的乐趣；金鸡独立、白鹤亮翅，体现了舒展自如和悠闲潇洒的情态，给人一种舞台艺术造型美的享受。通过这些命名，观赏者不仅能够品味其中的意境神韵，而且能够感受到传统武术招式套路那神秘而浓郁的文学意蕴。总体来看，传统武术的风格特色、创造特征都通过意境美得到了充分的展现。

（五）节奏之美

节奏是生命运动的一个极为重要的特征，而生命运动同美的内涵有着深层次的联系。阴阳二气的运化，使传统武术在动静、起落、快慢、轻重、高低、刚柔的对立转化中具有鲜明的节奏感。传统武术家们将武术中的节奏形象描绘为："动如涛，静如岳，起如猿，落如鹏，立如鸡，站如松，转如轮，折如弓，轻如云，重如铁。"

五、传统武术与中国舞蹈

中国舞蹈从产生开始就与传统武术之间建立了密切的联系。在古代，"舞""武"相互交融具体表现在舞中行武，舞中现武，舞中存武。早期武术与舞蹈交融的典型形式就是武舞，武舞极具健身性与娱乐性，能够表达丰富的思想情感。武舞中的一些动作组合类似于传统武术中的套路动作。在武术的技击性、演练性特征还没有特别突出的时候，而且舞蹈的艺术性还未充分显示的时候，对于武术、武舞与舞蹈的区分是有难度的。一些"舞"的形式不仅是传统武术的先导，而且也是中国舞蹈的起源。

随着武术与舞蹈的逐步发展与完善，二者之间的区分越来越清晰。武术从武舞中逐渐分离出来，舞蹈与武术两种文化形态由此而形成，这两种形态的文化风格迥异，极富魅力。

六、传统武术与书法、绘画艺术

中华传统武术博大精深，即使在书法、绘画等静态艺术中，也能够清晰地看到传统武术的身影。

（一）传统武术与书法艺术

我国人民早在两千多年前就发明了毛笔，虽然钢笔、铅笔与圆珠笔等随着东西方文化的交流融合陆续传入中国，但毛笔书法依旧保持着其独特的艺术欣赏价值并延续至今。书法在内容上，可充分表达书写者的情感、思想、心境等意境；在形式上，它则以点、线、黑、白、湿、枯、柔、力、借、倚等结构、章法之独特性来表达它的美。传统武术与书法艺术交相辉映，表现出许多书法所不具备的艺术美。书法与传统武术有很多相通之处：

1. 书法讲究"劲力"，这在每个字的一笔一画之间都有着充分的体现。武术也讲究劲力，如太极拳中的"劲"起于脚跟，发于腿。主率于腰间，形于手指，发于脊骨，由脚而腿而腰一气呵成。

2. 书法要求写者用笔要做到能够收放自如，每往必收，每垂必缩，含蓄而锋芒不露，不轻挑浮躁。武术中的拳打、指戳、脚踢、肩撞等都有的放矢，连续进击。

3. 中国书法要求写出的作品要能够传递出一种神韵。传统武术中的一拳一腿、一招一式，也都对"神韵"有着很高的要求。

4. 书法讲究刚柔之法，优秀的武术家能够做到遇虚则刚、临实则柔。

在书法艺术中，运笔的快慢，章法的透、漏、借移等特点，均是艺术美的表现形式。可以说，书法与传统武术互相交融与影响，它们的形态美、线条美和节奏美都有着一定的共性。如王羲之在《题卫夫人笔阵图》中形象地说："每作一横，如列陈之排云；每作一戈，如百钧之弩发；每作一点，如高峰之坠石。"张旭自从观看了"公孙大娘"舞剑后，顿悟书法精髓，此后其草书的书写相较以前更具豪情、淋漓顿挫。书法中，笔毫在纸上行走的气势，丝毫不输给武术表演中所表现出来的气势，欹侧跌宕的章法，也与传统武术给人带来的艺术美感不相上下。练习书法具有调气、调心、调身的功效，有益于身心健康。如在练习书法时一般要遵循屏气、落笔、吐气、力透纸背的步骤，写者在这个过程中要随笔势而呼吸，跟着意境而律动，这同"太极拳"的呼吸悠长、行随意走的境界是相同的。练书法一般都要站立、悬腕进行，通过协调腰、肩、肘、腕，有利于舒展关节、调节气血，这与气功中的站桩有异曲同工之妙。传统武术融健身、养身、击技、表演于一体，"外"能舒展关节、强身健体，"内"能调理脏腑、疏通经络。它的形式、内容及方法也都体现着美学、哲学、兵法等丰富的传统文化，在这一点上是与书法艺术相同的。

（二）传统武术与绘画艺术

武道与画理是相通的。传统武术是中国绘画所极爱表现的内容。从原始壁画到现代的彩色年画，这之中的许多作品都包含有传统武术的内容。如古代在宫室、庙堂中绘制的狩猎、武士、侍卫和相扑图、角抵图等壁画，都以武术的形式作为绘画基础。清代年画中，也多见武术内容。天津杨柳青年画中的《张辽威镇逍遥津》，骑将纵马舞刀挺枪，表现出武打的雄姿。传统武术与绘画艺术的联系还体现为"意"的相通。据传，五代时期的僧人贯休在画十八罗汉时，一直苦于无法体现降龙尊者的精髓，然而在观看了薛仁贵后裔练戟的情景后降龙之气韵便由心而生。清代武术家、书画家傅元在画墨竹时为求灵感醉舞拳艺的故事都从侧面反映了我国武术与绘画的灵犀相通之趣。

七、传统武术和文学艺术

我国传统武术在文学艺术中的反映主要体现在武侠小说中。武侠小说是中国通俗旧小说的一种重要类型，多描写身怀绝技的侠客和义士见义勇为的故事。广义上的武侠包括传统武侠、浪子异侠、历史武侠、谐趣武侠、古典仙侠、奇幻修真、现代修真等；但从狭义层次上来讲武侠，则只分为传统武侠、浪子异侠、历史武侠、谐趣武侠这四类。传统武术在我国文学发展的过程中起到了极其重要的作用。如在最初的神话传说中战争和打斗的故事情节占据了很大的比重。上古神话的英雄后羿、刑天、共工和蚩尤等，都与武术有直接的关联。

春秋战国时诸侯割据，连年的战事既为武技的发展提供了条件，也为文学创作提供了素材。例如，在《战国策》中所写的人物极为复杂，其中最为动人的当属侠者形象。如《赵策》描写的"鲁仲连舍身游说赵魏共拒强秦"的故事；《魏策》描写的敢发"布衣之怒"的故事；《燕策》所写的荆轲刺秦的故事等。这些故事的内容扣人心弦，情感热血激扬，并为后世武侠文学的发展奠定了基础。再如《燕策》中描写燕太子送荆轲赴秦的易水送别一段，直接影响了后世，司马迁曾将一些段落一字不改地移入《史记》。在先秦历史散文中，除了对个人的侠义行为进行描写之外，还出现了有关大型战役的故事。如《左传》宣公十二年晋楚之战、成公十六年晋楚郡陵之战等篇章，从简短的文章中即可感受到当时的战斗情景，为《三国演义》《水浒》等作品中许多大场面的描写提供了很好的借鉴。到了西汉，司马迁在《史记》中对游侠"救人于厄，振人不赡、仁者有乎；不既信，不倍言，义者有取焉"的认识，以史传文学形式第一次将游侠的故事写入了史册，并为之专门列传在《史记·游侠列传》中，司马迁热情地赞颂了游侠的事迹；"今游侠，其行虽不轨于正义，然其言必信，其行必果，已诺必诚，不爱其躯，赴士之厄困。""既已存亡生死矣，而不矜其能，羞伐其德，盖亦有足多者焉。""要以功见言信，侠客之义又曷可少哉！"这种以史传的文学形式对游侠的事迹进行记录和赞颂的方式，奠定了游侠题材在文学中的良好表现。自此之后，以任侠为主题、以扬侠颂侠作为核心思想的文学作品开始大量涌现。东汉以后，正史不再为游侠立传。但在建安时代，出现了许多以游侠为主要内容的乐府古诗，如《白马篇》《结客少年场行》《博陵王宫侠曲》《秦女休行》等。魏晋南北朝时期的诗人们常以古侠士为楷模，并在创作诗作的时候，把自己的生活理想寄托在古侠士身上，并从古侠士的狭义事迹中汲取精神力量。在魏晋南北朝时期初具规模的小说文体中，也不乏对游侠的形象、事迹进行描述、赞颂的作品。如《搜神记》卷十中的《三王墓》，文中赞扬了山中行客路见不平拔刀相助，为替莫邪之子复仇甘愿自我牺牲的豪侠气概。而《世说新语·自新篇》中的《周处》一文，则通过对侠士内心世界逐渐转变的描写，称赞了侠士周处勇于改过自新、为民除害的英雄事迹。魏晋南北朝小说中的游侠形象是我国小说中最早的游侠形象，其故事是侠义小说的雏形。虽然这类注重纪实的游侠小说都很简短，但其完整的故事结构、鲜明的人物形象等，都为唐代开始的侠义小说所借鉴。

唐传奇是我国武侠小说真正的起点，它的产生标志着我国小说的发展已逐渐趋于成熟，近代文学史家习惯称唐人小说为唐传奇，如鲁迅先生用"传奇"一词对唐人小说进行概括，并于20世纪20年代编写了《唐宋传奇集》一书。武侠小说作为我国传统武术文化影响下的民族文学的重要一支，在唐传奇中亦有属于自己的地位。唐代侠义小说的主人公多为贴近现实的民间侠客形象。其中，影响较为深远的一篇是以描绘风尘三侠为题材的《虬髯客传》，唐以后，经五代以至宋朝，武侠在题材上并没有什么突出的发展。但随着"说话艺术"的广泛流传，出现了在文学史上有着重要意义的小说话本。这种白话形式的小说与后来的武侠小说颇具渊源。到了元代，话本小说、说唱故事的内容已十分丰富，而武侠文学则在其中占有重要地位。

至明清时期，武侠小说同传统武术一样，取得了丰硕的成果。这一时期的武侠小说多是以话本和章回体形式出现的。一般而言，文言小说对于打斗场面多点到而止，而在话本小说和章回小说之中却描写有大量精确生动的打斗场面。如在《三侠五义》《小五义》《彭公案》这类作品中，随处可见的丰富多彩的打斗场面构成了全书描写的核心；在《水浒传》等公案侠义小说中，则对暗器、迷阵等进行了详细的描写。这一时期小说描写的重点不是行侠的结果，而是除恶扬善的过程。侠客的存在价值和侠义小说的审美价值由此进一步得以增强。

综上所述，传统武术在其发生、发展过程中，受中国传统文化全面而深刻的影响，在各方面都带有浓厚的中国传统文化色彩，并逐渐演变为一种独特的东方人体运动文化的表现形式。为全面认识我国传统武术，并对其进行继承和发扬，就必须深入研究传统武术的丰富文化魅力及其内涵。

第四节　我国古代美学对传统武术的影响

中华民族的灿烂文化已延续了几千年，使得中华儿女具备了丰富的传统美学思想和审美体验。传统美学追求传神的境界，并把"形"作为写神或取韵的物质基础，强调形神的高度统一。传统武术在悠久的发展历史中，不断吸收中华民族的优秀文化，融汇中华传统美学的独特神韵，并最终形成了自身独特的艺术内涵。同时，武术作为一项传统民族体育运动，它也聚合了体育与艺术的精华，显示出超越"体育"的艺术魅力。

传统武术的基本审美特征和表现方式也是武术运动自身理论体系的一个重要方面。美的展示是不同美的要素综合作用的结果，虽然传统武术具有独特的审美价值，但其美学的特点并不是孤立的。它是建立在中华民族传统文化基础之上的，是一种融运动美与修养美等于一身的特殊美学表现形式。

传统武术在美学的表现形式上，可分为内在美和外在美两种。这种内外兼修、兼顾表现内在美与外在美的独特形式，既表现了一个民族的过去和现在的文化渊源，也总结和概括了中华民族的审美特征。

传统武术既有健身自卫的实用价值，又具有绚丽多姿的表现形式，能给人以美的享受，使人赏心悦目，激发人类美的情感。这是我国传统武术能够发展至今的重要原因。我国传统武术，充满着中华民族特有的气质、民族心理、民族美感和民族精神。

第五节　传统武术的民俗内涵

一、龙狮文化与传统武术

我国传统武术主要流传于民间，因此，其与各种民俗活动联系紧密。民间武术活动常以民间游艺的形式在农闲或庙会期间进行表演，这种表演又往往与舞龙、舞狮相结合，成为约定俗成的民间游艺活动中不可缺少的一部分，反映出武术浓厚的民俗色彩。龙是古代传说中的一种神异动物，舞龙起源于原始的求雨祭祀活动。

舞龙运动在我国有着悠久的历史和广泛的群众基础，是中华民族灿烂文化的一部分。舞龙运动具有浓重的民俗色彩，舞龙的一招一式、一腾一挪都有讲究，与武术招式如出一辙。具体在舞龙时，引龙人要充分发挥手、眼、身、法、步的灵活运用，将彩色龙珠或左、或右、或上、或下，逗引长龙俯仰翻转，一招一式既要优美洒脱，又要灵活自如。龙头的任务最重，要紧随龙珠灵活地腾、跃、翻、滚，而且要时时兼顾龙身、龙尾，做到快而不滞、活而不僵。龙身、龙尾则要明察秋毫、紧密配合、灵活机动，确保整条龙的协调统一。为了达到效果，舞龙者需遵循武术要求的"腰胯能运转，上下自协调""身如游龙、腰似蛇行"等技巧。可以说，舞龙是整体配合的武术展示，正所谓"势无定法犹有定，千变万化难形容"，那翻江倒海的非凡气势，没有武术的功底是难以演练出来的。

舞狮也是十分重要的民俗活动，是一种流行很广、具有独特民族风格和特色的传统体育活动。每逢春节和元宵节，都要表演精彩的舞狮，这种隆重的喜庆仪式，预示着国泰民安、吉祥如意。一般认为，它在三国时就已出现。

三国时魏人孟康注释的《汉书·礼乐志》中说："若今戏鱼、虾、狮子者也。"这是文献上关于舞狮的最早记载。舞狮表演要求舞狮者具有灵活的步法、矫健的身法和娴熟的技巧，以及手法、身法、步法的协调配合，才能完成跌扑、翻滚、跳跃、翻腾以及滚绣球、过跳板、上楼台、跳桌等各种难度的动作。舞狮运动不仅能提高力量、速度、耐力和灵巧等身体素质，而且能培养练习者勇敢顽强的精神和坚韧不拔的意志品质。

武术与舞狮运动之间也是密切相关的，从某种意义上说，二者之间也是互相促进、共同发展的关系。武术在舞狮运动的发展中起到了一定的作用，尤其是武术运动中的表演套路，极大地丰富了舞狮运动的内容和形式。舞狮动作上对武术有着较广泛的吸收和改造利用。例如，南狮的基本步型和技法中，许多动作来源于武术，如基本步型中的四平、弓步、麒麟步等都取材于南派拳术，麒麟步更将南狮和南派拳术紧密结合起来，也和其他拳术区分开来。此外，南狮在动作上和武术中的象形拳有异曲同工之处，是一种模仿性创造，区别在于武术追求的是将模仿动作中的技击提炼出来，而南狮的表演却意在模仿外在形状和动作本身蕴含的意蕴。

二、木偶、皮影艺术与传统武术

木偶戏和皮影戏都是我国历史悠久的民俗艺术，其由于历史的漫长、品种的多样和操作技术的高超而享誉世界。其独特的偶人武打技巧更是深受武术文化的影响，而皮影戏的剪影方式也精彩地诠释了中国功夫，这些独特的操纵技巧、武打艺术，成为中国木偶戏和皮影戏卓立世界的重要原因之一。

我国古代的影戏，在宋代已成为市井中繁盛的表演技艺。其与说唱艺术结合，能够演出复杂的故事，如三国纷争之类。各地影偶的操纵方法各不相同。他们各逞奇技，把影偶操纵得如活人一般，纵马扎枪，劈刀舞剑，腾云驾雾，做出许多人难以做到的技巧。传统的木偶剧、皮影戏中的一大特色就是武打场面丰富。武打场面紧锣密鼓，影人枪来剑往、上下翻腾，热闹非常。其中，各种以武侠为主题的木偶剧、皮影戏层出不穷，如木偶剧《露雾狂刀》《少年岳飞》《真假孙悟空》，皮影戏《杨门女将》《武松打虎》《西游记》《水浒传》《封神榜》《说岳全传》《英烈传》《狄青平南》等。

布袋木偶戏尤为擅长武打场面和善于刻画人物性格。除了布袋木偶戏外，"小戏文"的一大特点就是以"武打戏"为主题。这从它的经典演出的剧目单上可以看出，基本上都是以武戏为主，如《狄青征西》《薛刚反唐》《杨家将》《乾坤印》《天宝图》《罗通扫北》《七侠五义》等。武打技巧很能反映木偶戏艺人的基本功底。

第三章 传统武术文化的教育传承研究

传统武术文化是中华民族智慧的结晶，也是中国传统文化的重要组成部分，必须通过教育的方式传承下去。基于此，本章深入研究了传统武术文化的教育传承问题，内容涉及传统武术文化的教育价值和使命、传统武术在我国高校中的训练现状，以及传统武术文化在我国高校中的传承与发展等。

第一节 传统武术文化的教育价值和使命

一、传统武术的教育价值

在中国几千年的历史演进中，传统武术不断摄入民族文化的精髓，逐渐成为中国传统文化的重要代表，许多西方人都很喜爱我国的传统武术，并积极投身于这项凝结了中国人智慧的古老技艺。尤其是李小龙的出现，更是在西方掀起了"功夫"热潮。他让西方人在牛津词典中怀着敬意创造了一个富有中国文化气息的词汇——"Kungfu（功夫）"。现如今，越来越多的西方人乐于接受带有中国文化特色的称谓"Sifu（师父）"，这些都是专属于我国传统武术的文化魅力，不仅征服了西方人，而且征服了世界，与此同时，这也是一种成功的文化输出。

在国外，虽然面临着跆拳道、空手道与拳击等域外武技的冲击，但是我国传统武术丰富的流派、悠久的历史以及充满招法变换的武术意境，都会让越来越多的西方人无法割舍。

传统武术中蕴含着丰富的民族精神素材以及民族文化，对于广大青少年的教育来讲，其所具有的价值是非常高的。"传统武术的魅力，一方面，在于传统武术技艺本身；另一方面，在于渗透在传统武术中的几千年深厚积淀的中华民族优秀文化,以及博大精深的中华民族精神。"

一些爱国武术家的故事经久不衰,被历代赞颂。近些年来,中国功夫片的热度未减,霍元甲、黄飞鸿、叶问的故事虽不断被搬上荧幕,可观众依旧非常喜欢这些故事。20 世纪 80 年代,《霍元甲》的主题曲——《万里长城永不倒》,激励了一代中国人的成长,很多人都受到了霍元甲爱国情怀的感染。当然,武术人不仅有在国难面前当仁不让的风骨,而且有"止戈为武"的气度,将原本属于"嗜血"的格斗技艺融入了中国传统文化特色,即讲求"点到为止",进而衍生出体现中国人击技思维的太极哲学,在"随曲就伸"与"舍己从人"中,体会击技的招数以及分出胜负的雅趣。传统武术的招式将中国传统文化的内涵表现得淋漓尽致,让习练者能够在一招一式中体悟中华文化的精深独到之处,最终起到潜移默化的教育作用。其中,太极拳与八极拳的名字,就具有相当深奥的文化底蕴。

一个流传下来的古典传统武术套路,通常都凝聚了几代人的智慧与心血,其中,有很多耐人寻味的故事与情节,与此同时,也体现了古人对传统武术的尊重。

传统武术教育中对"武德"的强调,将传统武术的教育价值充分地体现了出来。原因在于其将对道德的约束与规范融入习武者的日常生活当中,并且贯穿于习武过程的始终。在"武德"当中,依旧有非常多积极的成分值得当今的青少年继承与学习。只要是传统武术流派,均会对本门派弟子有不同的道德约束,一些门派甚至需要经过长期的品格考验,才能够成为本门派的衣钵传人。被习武之人视为生命的准则还有诚信,正所谓"言必信,行必果"。"重信守诺是传统武术习练者乐于接受的职业形象,那些言而无信的小人,即便功夫再高强,依旧不会受到传统武术习练者的尊重。"

传统文化中的典籍注解,是"武德"中内容的主要来源,与此同时,"武德"也是"武"文化与"文"文化的有机结合。习武者对武德的敬重和尊崇,实际上是对中国文化的一种敬畏。

二、传统武术的教育使命

传统武术作为一种文化资源,彰显了中国文化的基本精神,并且汇聚了中国传统文化的精髓。与此同时,传统武术还是一种教育资源,其作为独一无二的民族传统体育项目进入学校，能够使青少年在身体得到锻炼的同时，还感受到传统民族文化的厚重。

2004年以来，国家提倡在中小学开展弘扬和培育民族精神教育，其中，提到应在中小学的体育课中适量增加我国传统武术的内容。基于此，武术界的学者开始重视传统武术的教育问题，并且深入地探讨和研究了学校传统武术教育中存在的问题。国家武术主管部门与教育部同样意识到，传统武术教育在弘扬民族精神、捍卫民族文化安全、传承民族文化方面的作用，以及当前学校传统武术教育所面临的严峻形势。

2005年初，国家体育总局武术研究院成立了"关于学校武术教育改革和发展的研究"课题组；2006年7月，上海体育学院召开了"全国高等教育民族传统体育专业发展论坛"，以上这些举措强调了在新的历史时期中，传统武术的教育价值与使命。只有深入开发、挖掘传统武术的教育价值，并且不断地赋予传统武术新的文化内涵，使传统武术教育与当前时代发展的需要，以及广大青少年的身心发展特征相适应，传统武术在学校才不会被拒绝。当然，人们必须看到目前传统武术教育面临的严峻形势，"无人教、无人学"的局面很难让武术人乐观。基于这种现状，学校传统武术教育必须进行改革，而且需要和专业竞技武术的模式区分开来，对传统武术的技法也要多加注重，除此之外，还要融入文化品位、内涵与礼仪，只有这样，传统武术教育才能够将弘扬民族精神的历史使命真正地承担起来。

第二节　传统武术在我国高校中的开展现状

一、传统武术在高校中的教学现状

（一）教学内容现状

1.教学内容单一

我国的传统武术种类繁多，据粗略统计，我国拳种有129种之多，还有很多雷同拳种、小拳种等，除此之外，更有不计其数的体系不完整的功法与套路。虽然如此，但现在我国高等院校在传统武术的课程设置方面所涉及的拳种很少。

据调查，2002 年上海体育学院民族传统体育专业武术教学大纲定的传统武术套路包括：双剑通背拳、翻子拳、五路华拳、四路查拳、双刀形意拳、八卦等 10 个套路。2003 年，在新一轮教学改革之后，只保留了五个传统套路，分别为八卦掌、南棍、华拳、形意拳与南刀，实际上，学生掌握的传统武术的拳种套路内容就更少了。这非常不利于传统武术在高校中的发展，以下三点是导致我国高校传统武术教学内容单一的主要因素。

（1）国家为高校的传统武术教学制订了专门的教学大纲。通常情况下，各普通高校传统武术的教学内容都是棍、太极拳、剑、拳等初级套路，这就是以教学大纲为依据进行教学的结果。在我国传统武术中，击技是其主要内容，而其本质特征就是攻防击技性，这些才是广大学生喜爱它的原因。但是，由于存在武术教学大纲，教师只能以教学大纲为依据，完成教学计划的制订。在教学过程中，一般也只对动作的规格和外形比较注重，传统武术的攻防积极性则被严重忽视，导致教学过程枯燥乏味，学生学习的积极性也就严重降低。

基于上述情况，教师应该努力克服教学大纲带来的局限性，并且要以学生的实际情况为依据，制定出组合动作少、简单实用的攻防动作，使教学内容变得更加丰富，最终达到将学生学习的积极性充分调动起来的目的。

（2）高校传统武术教师多为高等院校的毕业生。由于高等院校的毕业生是高校传统武术教师的主要来源，并且他们所受的教育内容几乎相同，这也是导致教学内容单一的重要原因之一。在教学内容方面，与传统武术相关的教学很少，导致学生的愿望无法得到满足，从而难以引起学生学习的兴趣。除此之外，还有很多高校的传统武术教学内容依旧停留在以竞技武术套路为主的教学模式上，这对学生学习的兴趣与热情造成了严重的影响，从而导致学生应付完考试就不再继续学习了，根本没有起到健身的效果。

（3）我国传统武术内容过于丰富。我国传统武术的内容非常丰富，可是由于高校只有有限的教学时间，因此显得教学任务很重。为了将教学任务完成，各大高校教师只能选择在有限的时间内安排所有的教学任务。本来高校学生对传统武术就不是很了解，再加上繁重的学习任务，从而增加了学生学习的难度，最终导致学生的学习兴趣下降，这些对传统武术的传播非常不利。

　　2.重视教学实践，忽略理论课教学

　　在传统武术教学内容中，传统武术理论是重要的组成部分之一。对于学生理解技术，以及学习视图知识来讲，传统武术理论的教授具有很大的益处。由于大学生具有比较高的理论层次与认知能力，因此，在传统武术理论教学方面，应突出一定的特色，使其与学生的实际情况相符合。目前，很多普通高校传统武术理论教学课的课时数太少甚至没有，究其原因，是因为多数院校没有对武术理论课的严格考核要求。可是如果理论课安排得较少，就会导致授课质量下降，由此说明，高校及教师并不重视理论课的教授，从而导致我国大学生缺乏传统武术理论知识。

　　从大学生认知传统武术的途径中，就能够反映出理论的缺乏。部分大学生是通过书籍、影视等途径来认识传统武术的，而通过自学传统武术教材，以及理论讲授来认知传统武术的非常少。与此同时，由于影视、书籍中对传统武术的描述过于夸张，导致没有办法体现出传统武术本身的真正内涵，这在一定程度上对学生理解传统武术造成了影响。除此之外，大学生的视图能力较差，也是他们很少通过视图自学来认知传统武术的原因。因此，高校应该高度重视传统武术理论内容的教学。"教师教、学生学"一直以来都是高校传统武术教学的主要形式，而主要的教学内容也是传统武术套路技术教学，对于专门的传统武术理论教学很少涉及。由此，致使学生对体育教学没有一个全面的认识，他们认为与传统武术理论的学习相比，锻炼学生的身体素质，教会学生相关的传统武术技能比较重要。但传统武术中蕴含着非常丰富的中华传统文化，因此需要通过传统武术的教学，让学生学习与继承我国优秀的民族传统文化，并且得到德、智、体的全面发展。

　　我国传统武术历史悠久，也是中华民族传统文化的重要组成部分，具有非常雄厚的理论基础。因此，理论教学应成为传统武术学习的重要内容。

3 传统武术教材选用存在问题

教材是发展与传承人类文明的载体，每位高校学生通过学习教材，都能够将自身素质提高，并培育发展潜能。教材是高校教学方法与内容的知识载体，而高校传统武术教材的主要内容就是高校传统武术的教学方法与内容。在教师与学生之间，教材起着教与学的最直接、最基础的媒介作用。

我国传统武术包含着很多精湛无比与实践的理论知识，并且和中华民族的整个思想文化相互影响、相互作用，因此，在学习传统武术时，必须要注意对其理论的研究。对于人们认知传统武术来讲，丰富的实践也是非常重要的，但是，这些并不够，必须要将其上升到理论认知的高度，只有这样，才能提高大学生的修养与素质。

（二）教学方法与组织形式现状

采用恰当的组织形式以及教学方法，在传统武术教学中是非常重要的，这与传统武术课程是否能够顺利开展，以及既定的教学目标与任务是否能够实现息息相关。

1. 教学方法现状

为了将共同的教学任务与目标实现，在教学过程中，教师与学生运用的手段与方法的总称，即为教学方法。合理的教学方法，一方面，能够将学生学习的积极性激发出来；另一方面，也对教学组织形式的安排有利，与此同时，还能够为教师与学生营造一个良好的学习环境与氛围。由于传统武术教学具有特殊性，因此，对传统武术教师的教学方法有了更高的要求。只有在教学过程中不断地进行实验与摸索，才能够找到对自身发展有利的教学方式，进而使传统武术教学在学校的开展得以促进。

通过对国内某省高校传统武术中使用的教学方法的调查显示，传统教学法、合作性教学法、探究式教学法、游戏法、自主性教学法等，是现在采用的主要教学方法，具体情况如下。

（1）传统教学法

据调查，传统教学法大约有 74.19% 的教师在使用。对集体教学有利，能够使学生在教学中掌握技能，以及全面地了解教学内容，为此种教学方式的优点。在教学中，学生始终处于被动接受地位，对师生之间的互动与交流不利，并且忽视了学生的主观能动性，是此种教学方式的缺点。

（2）合作性教学法

据调查，统计合作性教学法约有 6% 的教师在使用。对培养学生的集体性与社会性，以及对学生间的互动与交流有利，是此种教学方法的优点。对传统武术教师的教学能力提出了更高的要求，则是此种教学方法的缺点。

（3）自主性教学法

据调查，统计自主性教学法约有 4% 的教师在使用。对于培养学生积极独立思考的能力有利，是此种教学方法的优点。教学不容易组织则是它的缺点。因此，在教学过程中，要求教师务必做好防范危险的工作，并加强安全意识的教育。

（4）游戏教学法

据调查，游戏教学法约有 9.68% 的教师在使用，其是一种教师组织学生通过做游戏来完成教学任务的教学方法。游戏中的竞争、合作与情节等，应对培养学生独立判断与思考的能力有利，这种教学方法在传统武术教学中比较常用，但是，在教学过程中，教师务必要加强安全意识防范的教育，对游戏的真正目的进行说明，防止学生产生攻击性行为。

（5）探究性教学法

据调查，统计探究性教学法约有 3% 的教师在使用，其对学生发现及解决问题能力的提高有利，是此种教学方式的优点。对教学能力提出了更高的要求，则是它的缺点。由于传统武术是认知的学习，并且其教学的侧重点是技术传授。因此，在传统武术教学中，运用多媒体技术可使学生有良好的感官效应产生，使学生更加清晰地认识动作，并形成一定的动作记忆，从而更好地完成将既定教学任务。

根据统计显示，目前，现代化的教学技术，只有 17.80% 的传统武术教师在使用，因此，在传统武术教学中，怎样将教师、学生与多媒体这三大要素有机地结合在一起，从而更好地将传统武术的教学效果实现，成为人们以后努力发展的方向。

2.组织形式现状

此处所讲的组织形式主要指的是，教师在课堂中对学生人数的控制。为了使传统武术教学的质量得到保证，各大高校应该积极地采取有效措施，加大传统武术教师的培养力度，并对传统武术课程的班级人数进行合理安排，将师生比例缩至最小范围，以此将传统武术教师最大的教学效率发挥出来。

二、传统武术在高校中的科研现状

体育科学工作，既是圆满完成教学任务的有力保障，也是体育学科建设的基础，更是提高教师素质的一种有效途径。传统武术教育活动的进行，对任课教师的专业技能，以及相关专业的科研能力都提出了非常高的要求。高校传统武术教师需要以科研带动教学，形成教学与科研之间的良性互动，进而对传统武术教学的进行起到更好的促进作用。就目前而言，我国高校传统武术教师中的大部分都具有比较大的学术潜力，但浓厚的学术氛围比较缺乏。高校中的部分传统武术教师并不重视科研工作，这不利于传统武术运动的可持续发展。与此同时，由于我国传统武术教师都比较年轻，参加工作的年限也比较少，导致他们在科研意识、理论知识、经验方面比较欠缺。而对于我国传统武术的发展来讲，年轻教师则是未来传统武术科研、教学的主力。想要发展传统武术，就必须加大科研能力的培养，以及强化科研意识。

我国传统武术的发展已呈现出国际化、大众化、竞技化及市场化的趋势，但传统武术的科研并没有跟上传统武术发展的步伐。传统武术科研有很多种研究方法，这些研究方法都有各自的优势，并且也取得了比较好的效果。但是，由于我国传统武术的体系庞杂而完备，导致传统武术的基础依旧在民间。因此，我国对民间武术的研究会占用过多的精力以及资源，进而使我国传统武术科研的进展有了阻碍因素。

除此之外，现代体育科学研究的主流是综合利用各学科知识、跨学科地进行研究，可对于高校传统武术研究而言，其研究大多局限于学校方面，跨学科以及综合的研究方法比较少见。

就目前来看，根据调查统计，从事传统武术教学工作的一些教师，都只是在大学期间专选过一些传统武术而已，教学内容也只有几个初级套路，因此，他们的传统武术击技水平可想而知。他们在传统武术理论知识方面并没有进行过系统的学习，因此，理论知识也较为缺乏。在这种情况下，这些传统武术教师就只能传授一些简单的动作技术，如果让他们去挖掘中华武术传统、推动高校传统武术教学改革、弘扬民族精神等，并不会取得任何实质性的收获。

第四章　武术学习与竞赛

第一节　武术学习的特点

体育教学是学生在教师的指导下，掌握体育知识、技术和技能，养成良好体育锻炼习惯，从而促进学生身体、心理和社会适应能力健康发展的教育活动。武术套路教学具有体育教学的一般特点，即教师明确地、有计划地向学生传授各种技术与技能，使学生通过身体反复练习与思维活动相结合，掌握这些技术与技能，达到锻炼身体、增强体质的目的。但是，武术套路作为一种特殊的体育运动，其学习也具有相对独立的特点。

一、讲求武德学习与技术学习的融合

武术除了具有一般体育的健身功能外，本身也是一种特殊的教育手段。武术长期受到以儒家伦理道德为核心的社会文化体系的熏陶和影响，它所包含的文化多样性和文化记忆的丰厚深刻性，远远超过了外人对它的界定（一种体育）。武德是一个习武者必须遵守的道德规范，强调习武要"仁爱""守礼""信义""谦让"，讲求人与人之间要相互宽厚、包容，以求人际和谐。在当代和谐社会的目标下，武德中丰富的精神内涵更是得到进一步发扬，尊师爱友、诚实守信、见义勇为等品德，已成为构筑社会主义精神文明的重要元素，武德作为中华民族传统美德的重要组成部分，无疑应予以继承和发扬。千百年来，武术与武德相伴而行，习武者依其修养身心、规范举止、品评善恶。武术学习与武德学习历来就水乳交融，两者互为依存和促进。如今，我们更要注重武德学习与技术学习的有机融合，通过武礼、武技、武理等方式将武德渗透于武术套路学习的全过程，以成为武德高尚、武艺精湛的武术人才为目标，为弘扬民族精神和社会主义精神文明建设做出贡献。

二、注重动作规范性，突出不同项目的风格与特色

在武术套路学习中，注重动作的规范性应作为学生学习的首要条件。武术套路内容丰富，各个项目独具特色。因此，在学习过程中，必须掌握动作的规范性，避免因动作的不规范而造成无项目特色的缺憾。如武术套路中少林拳与太极拳项目的运动特点就各有不同：少林拳要求刚健有力、动作迅猛，即所谓"起手连珠炮，拳打一气连"；而太极拳则讲求柔和缓慢、绵绵不断。因此，在练习中，注重动作的规范性，突出不同项目的风格与特色，是学习、掌握和领悟武术套路的又一学习特点。

三、以模仿为主，注重内外兼修

武术套路项目繁多，内容丰富，特点也不尽相同。套路方向路线变化多、往返折叠。学生可以通过教师直观、形象地演示建立动作的表象，在反复模仿练习的基础上，能够较快地掌握动作，进而完成对组合动作或套路的学习。同时，武术套路具有鲜明的"内外合一"的特点，不仅强调手、眼、身、步等外在形体活动，而且注重精神、心志、意向等内在的心智活动和气息的运行。

四、结合攻防含义进行练习

攻防意识是武术区别于其他运动项目的鲜明标志。无论何时，攻防技击含义、内外兼修，始终是武术经久不衰的生命线，武术套路的学习与练习都必须以体现武术的本质特征为前提，失去了武术的技击含义，丢掉了武术所特有的精、气、神，再精美的动作也会失去武术的精髓，而不能称其为武术。因此，在武术套路的学习过程中，应注意教师结合武术动作攻防含义进行的讲解示范，了解动作的攻防意义，加深对动作的理解，提高学习武术的兴趣，力求正确掌握动作。

第二节　武术学习的原则

武术自身所蕴含的中国传统文化，不可避免地使武术有别于其他体育项目，因此，武术学习除遵循体育运动训练的一般原则以外，还有其自身的原则。

一、内外兼顾原则

内外兼顾原则指在运动训练中，运动员要注重外形动作的表现与内在气质结合的特点，达到神形兼备、内外统一的训练目的。通过武术动作的表现，反映武术的劲力意识、攻守意识、运动节奏和风骨神韵，内与外、形与神是相互联系的统一整体。无论武术动作姿势做得如何工整端直，但只求"形似"还不能称之为真正的武术。因此，在训练时要注重外在形与内在神的统一，做到两者兼顾。

二、突出风格原则

武术是一种隐含艺术的体育运动，如武术套路长拳的舒展大方、刀的勇猛泼辣、剑的轻快潇洒、太极拳的稳重柔和、少林拳的刚健有力等，不同的运动项目都有其显著的风格特点。无论是表现雄浑、奔放的阳刚之美，还是体现含意绵绵、烟云舒卷般的阴柔之美，都应该风格突出，给人以鲜明的印象和强烈的感染力。

武术学习中不仅要表现出不同武术项目的风格特点，而且必须从自己的个体特征出发。每个人的身体形态、训练水平、技术风格均有差异性。所以，套路风格要与自身风格相互融合，在训练时要根据自身的特点确定套路动作，以凸显个性魅力。例如，弹跳力好、灵活性强的运动员就要以跳跃技巧性动作为优势进行展示，而柔韧性好的运动员应在腿法与平衡动作方面独占风采。总之，武术动作的演练要与运动员的技术特长相融合，扬长避短，形成运动员独具特色的技术风格。

三、系统的不间断性原则

系统的不间断性原则，是指训练全过程从初期训练到出现优异运动成绩，直至运动寿命的终止都应按照一定的顺序，持续地进行训练。

武术的技术有其本身的内在联系和各自的体系，技术水平的提高不是一朝一夕就能完成的，而是逐渐由低到高的渐进积累的过程。运动员掌握的技术实质上是暂时性神经联系的建立，是条件反射、动力定型的形成，训练中断就会使建立起的暂时性神经联系逐步减弱中断，条件反射消退，已掌握了的技术、战术就会生疏，以致产生各种错误。只有通过系统、持续地训练，运动员的训练水平才能逐渐得到提高和巩固。因此，贯彻系统的不间断性原则，是提高运动员竞技能力和获得优异成绩的保证。

第三节　武术学习的方法

武术学习方法是指在武术套路学习过程中为实现学习目的、完成学习任务而采取的活动方式的总称。它是指学生在教师教学引导下，掌握武术套路的基本技能，获得身心发展的方法。常规的武术套路学习法主要包括学习中常用的语言法、观摩法、完整法、分解法等。

一、语言法

语言法是学习过程中，学生通过教师各种表达方式的语言教学，掌握学习内容和进行练习的种方法。教师和学生之间的大量信息传递是靠语言来完成的。因此，语言法是武术套路学习中被广泛运用的方法之一，主要形式有默念和自我暗示等。

二、观摩法

观摩法是指在体育学习中通过一定的直观方式，借助视觉、听觉、触觉和肌肉本体感觉等感觉器官来感知动作形象、结构、要领、完成方法以及时间与空间等，从而建立正确的动作表象的一种方法。武术套路学习中常用的观摩法包括观看动作示范、多媒体等。

（一）观看动作示范

动作示范是教师（或指定的学生）以具体的动作为范例，使学生了解所学习动作的形象、结构、技术要领和方法，指导学生进行讲练的方法，是武术教学中常用的直观方法。武术套路内容丰富，各个项目的技术动作也较复杂。如武术套路的教学，一套徒手套路的组成就有几十个动作，而且每个动作又包含有许多个分解动作。因此，通过观看示范，把所学的内容变为直观的形象，教师做一个正确的动作示范，学生马上就能对所学的动作进行模仿练习，便于学生建立动作的表象。同时，高质量的动作示范，不仅能使学生从直观的感性认识中获得正确的动作全貌，形成完整的概念，而且还能激发学生建立学习和练习的兴趣。

动作示范是一种非常重要的教学方法，因此，为了突出示范的目的、取得更好的效果，进行动作示范时应注意示范位置的选择、示范与讲解和启发的有机结合、示范面的运用和领做示范等。教师示范位置的选择应根据学生的人数和队形来决定，以尽量让全体学生看得见为原则；教学中经常采用的示范面有正面、背面、侧面和镜面四种，教师可以根据动作的难易程度选择慢速示范、常速示范和快速示范三种示范速度，同时教师要将示范和讲解有机地结合起来，武术教学多采用边讲解、边示范，先讲解、后示范或先示范、后讲解的教学方法。

（二）教具或模型演示

教具或模型演示是指学习中利用挂图、图表、照片及其他学习工具等直观方式再现动作的方式。它可以使学生生动、具体地了解动作的形象、技术结构和细节以及动作技术的完成过程。如武术教学中的"旋子转体720°"和"空翻转体"等高难度动作，示范难以充分显示动作的结构、过程、重点时，就可以采用挂图、照片等学习工具演示进行学习。在采用这种学习方法时，要有明确的目的性，并注意演示的时间和顺序。

（三）多媒体演示法

多媒体演示法是以现代媒介为手段，使学生获得生动的感知和提高积极性的一种现代学习模式。随着科学技术的快速发展，以多媒体和网络等手段与途径的辅助学习已经广泛应用于体育学习式中。借助多媒体教学可以完整、准确地再现和重复动作，同时对一些复杂的技术动作，可以采取慢放，甚至定格于某个环节，使学生更加生动、深刻地认识动作结构和掌握技术特点。通过多媒体学习，不仅改变了学生被动接收信息的模式，而且对于调动学生的积极性和主动性，提高学习质量有着积极作用。

三、完整与分解学习法

完整与分解学习法是体育学习中常用的方法，它既是教师教授动作技术的教学方法，也是学生学习和掌握动作技术的练习方法。

（一）完整法

完整法是指从动作的开始到动作结束，不分部分和段落，完整地传授动作和技术的一种方法。完整法便于学生完整地掌握动作，不至于破坏动作技术之间的内在联系，易于形成动作的整体概念。其不足之处是影响学生对复杂动作中要素和环节的掌握。完整法一般在动作比较简单、容易掌握的情况下，或者动作比较复杂、难度较大，但是又不易分解进行学习的情况下采用。如"马步冲拳""并步推掌"等动作，结构相对简单，可以采用完整学习法。

（二）分解法

分解法是将一个完整的动作技术，合理地分成几个部分或几段，按部分逐次、逐段进行学习最后完整地掌握动作技术的一种方法。分解法有利于简化教学过程，促进学生对难度动作的学习，提高学生的自信心，从而使学生较快地掌握动作技术。但是，采用分解法容易割裂动作技术，破坏动作的结构，影响正确动作的形成。分解法一般是在动作技术较为复杂，或是对动作技术的某一环节需要着重说明的情况下采用，如长拳中的"虚步亮掌"动作，要求虚步脚尖的虚点地、摆头以及找腕亮掌动作同时完成，上下肢协调配合，学生往往很难掌握。而采用分解法对手脚的动作分别进行教学，则可以使学生更快地掌握技术动作。

完整法与分解法虽然是两种不同的学习方法，但是在学习过程中往往是紧密配合的，在实际学习中一般采用完整—分解—完整的方法，使学生既掌握动作的细节，又掌握动作的全貌。

第五章 学校武术竞赛

第一节 当代学校武术竞赛的发展

一、学校武术竞赛的发展历程

1949 年以后，学校武术发展经历了三个时期，第一个时期是 1949 年至 1966 年，这个时期，武术在学校中的地位得到了确认，但是发展缓慢。1949 年，中华全国体育总会筹备委员会成立。1952 年，武术成为正式推广项目。1966 年至 1971 年这段时间，学校武术发展受到了严重的影响，直到 1972 年，各体育院校的武术教学工作才逐渐展开。在这个期间，关于学校武术竞赛的资料记载较少，全国性的学生运动会还没有开展，武术虽然在学校体育教育占有一席之地，但学校武术一直处于边缘化的发展态势。

1976 年以后，学校武术得以复苏。到了 20 世纪 80 年代，学校武术进入了快速发展时期，关于学校武术竞赛活动逐渐增多。1992 年，武术成为全国第四届大学生运动会的表演项目，第五届成为正式竞赛项目之一。1994 年 12 月 4 至 12 日，北京举行了全国第一届大学生武术竞赛。此后，全国各省市大学生运动会也相继举行。

进入 20 世纪 90 年代，武术先后成为全国大学生运动会竞赛项目和全国中学生运动会竞赛项目，并且也进行了全国大学生和中学生武术单项比赛，甚至有些省市进行少儿武术竞赛，学校武术竞赛取得了快速的发展。但是，目前的学校武术比赛中，竞赛内容竞技化、套路化问题，观众较少等问题一直是学校武术比赛的弊病，严重制约了学校武术竞赛的发展。

二、学校武术竞赛的组织形式

学校武术竞赛的组织形式已经比较丰富，主要有以下几种：

（1）全国学生综合性运动会的武术竞赛。武术在全国第四届大学生运动会成为表演项目后，以后每次大学生运动会都设有武术项目。武术也是全国中学生运动会的竞赛设置项目。2005 年在郑州举行的第九届全国中学生运动会，武术成为正式竞赛项目。除了武术是全国大、中学生运动会的设置项目以外，武术也是许多省市大、中学生运动会的竞赛内容。部分武术专业的学生还代表各省市、高校参加全国性的武术竞赛，甚至参加世界性的武术赛事，为国家、省市、学校争得了荣誉。

（2）定期举办单项运动竞赛。从 1994 年第一届全国大学生运动会在北京举行后，我国定期举办了全国大学生武术锦标赛，该赛事是大学生武术单项赛事的最高级别比赛。此外，许多省市也定期举办省市大、中学生武术锦标赛，有的省市（北京等）还定期进行了少儿武术比赛，为培养儿童、青少年的习武兴趣，培养武术人才做出了贡献。

（3）其他组织形式。除了全国大、中学生运动会等武术竞赛以外，近年来，学校的武术竞赛活动得到了进一步的拓展，如中国大学生武术竞艺大赛、全国高校武术视频课程大赛等。

三、学校武术竞赛的发展特征

改革开放以后，学校武术竞赛得到了快速发展，呈现规范化、制度化和国际化的特征。所谓规范化，主要指在竞赛组织管理模式、比赛规则、协会组织等方面表现出的现代化发展趋势。这种规范化的特征与近代西方体育的传入有莫大的关系。近代，西方运动项目大量传入中国，其竞赛的管理模式、规则导向也伴随着运动项目传入国内，对我们民族民间体育的竞赛模式、管理方式等产生了深刻的影响，这种影响一直延续到现代社会，并且得到了进一步的发展。从学校武术竞赛管理模式上看，学校武术竞赛一般采用"竞技"武术比赛的管理模式，每次比赛有开、闭幕式，有会标、会旗等标志，有些大型武术竞赛还安排了文艺表演。竞赛的过程从申请到承办，再到竞赛的实施，都按照一定的流程进行，体现规范性。在竞赛的实施过程中，从竞赛规程的下发，到裁判员、运动员、志愿者报到，再到比赛项目的分组、比赛的流程等都进行了合理的安排，充分体现学校武术竞赛的规范化。

所谓制度化，是指学校体育竞赛逐渐形成了一定的竞赛制度，如全国大学生的运动会和全国中学生运动会每四年举行一次、全国大学生武术锦标赛每年举行一次等。制度化的赛制更能体现学校武术竞赛的规范化，能够有力地推动学校武术竞赛的发展，更好地继承与传播民族体育项目，弘扬民族文化。目前的学校体育竞赛除了体现规范化、制度化的特征以外，随着国际全球化的发展，学校武术也在不断地对外交流，定期地组织国内学生与国外学生进行武术交流活动。

第二节　学校武术竞赛的特征、功能与价值

一、学校武术竞赛界定

国内有关专家认为，运动竞赛是指"在裁判员主持下，按统一的规则要求，组织与实施的运动员个体或运动队之间的竞技较量"。而学校武术竞赛是运动竞赛的分支与组成部分，是隶属于运动竞赛的单个运动项目的学校运动竞赛。学校武术竞赛的参与主体是在校学生，竞赛的运动项目为武术，那么学校武术竞赛可以定义为：在学校武术竞赛裁判员的主持下，按照统一的学校武术竞赛规则要求，组织与实施的学生参赛者个体或学校武术运动队之间的竞技较量。

二、学校武术竞赛的特征

学校武术竞赛的特征是学校武术竞赛存在与发展的标志，是学校武术竞赛品牌留在人们心中印象的记忆点，当人们感官触及类似的事物就可以联想到学校武术竞赛的征象。《辞海》把"特征"诠释为："一事物区别于他事物的特别明显的征象、标志。事物具有显著的、突出的特征方便人们记忆，容易给人们留下深刻的印象，更有利于事物的宣传与推广。"学校武术竞赛的特征并非一成不变，随着社会历史进程的发展，在不同的历史时期和不同的时代要求背景下，学校武术竞赛的主要特征会有所改变。目前，我国处在

经济高速发展时期，全国学校体育武术项目联盟提出"一校一拳，打练并进，术道融合，德艺兼修"的新思路背景下，学校武术竞赛的主要特征应该为竞赛内容的多样性地域性、竞赛内涵的文化性、竞赛特色的展演性和竞赛参与者的大众性。

（一）竞赛内容的多样性与地域性

武术分为套路与对抗，套路与对抗又各自包含许多项目。由于我国的地缘广阔，各地的风土人情各不相同，在特定的农耕经济文明背景下，我国古代的武术门派林立，武术拳种丰富，各具特色。目前的学校武术竞赛内容虽然只选择了竞技武术套路，但也包含了长拳、南拳、太极拳，还有刀、枪、剑、棍等器械内容及对练，竞赛的内容呈现多样性。在 2013 年 9 月，全国学校体育武术项目联盟成立，联盟提出"一校一拳，打练并进，术道融合，德艺兼修"的新思路，为新一轮学校武术发展拉开序幕。主要指导思想为各个学校可以自己选择典型的武术套路进行教学，鼓励选择具有地方特色的拳种，不再规范必须习练改革开放后而创编的竞技武术套路。同时，明确地提出"打练并进"思想，这里的"打练并进"是指将武术格斗的内容引入学校武术的教育与竞赛体系，一改学校武术及竞赛"唯套路化"现状，这样将使学校武术竞赛的内容更加丰富，既有格斗的内容，也包含套路的内容。在"一校一拳"的思路指导下，武术套路竞赛也不再局限于竞技武术套路的内容，各个地方具有典型代表的武术拳种都将成为学校武术教学与竞赛的内容，使得学校武术竞赛的内容更为多样化，更像是举行一场多个项目的综合运动会。

地域性是学校武术竞赛在空间上所显示出来的特征。武术是庞大的技术体系，拥有丰富的拳种，并起源于我国不同的地方。例如，河南太极拳、福建南拳、山东螳螂拳、河北八极拳等，非常具有地方特色，在"一校一拳"的理念指引下，这些具有地方特色的拳种都将进入学校武术竞赛的内容体系，使学校武术竞赛具有明显的地域性特征。我国有 56 个民族，各地的不同地理环境、风土人情，在历史的发展过程中，形成了不同的武术拳种。这些拳种具有明显的地域性特征，让这些传统武术进入学校武术教育与竞赛，必然丰富学校武术竞赛的内容，增加学校武术赛事的地域性特色，是继承与发扬技术体系庞大的武术行之有效的途径。武术本是丰富多彩、独具地域特色的民族传统体育项目，不应该让标准化、模式化的现代体育竞赛理念吞没、消磨武术的地域文化特色。

（二）竞赛内涵的文化性

国家提出了"文化强国"战略，增强国家文化软实力，在这样的时代背景下，学校武术竞赛必须凸显文化特征。

武术在形成与发展过程中，深受民族文化的洗礼，具有厚重的民族文化底蕴，甚至可以说，学习武术技术本身就在体悟民族文化的魅力。当今，具有深厚民族文化底蕴的武术，具备传播与弘扬民族文化的功能，应该发挥应有的作用，因此，学校武术竞赛应该从各个方面呈现民族文化特征。在"文化强国"的时代背景下，学校武术竞赛从组织到宣传都应该体现文化性，会标、会徽的设置，运动员道德礼仪规范、服装要求等，都应该从民族文化性出发。在竞赛举办之前，利用网络、报纸、学校的橱窗、板报等方式，充分宣传武术竞赛的文化特征，向学生展现民族文化的魅力，使其接受、热爱民族文化，促进国家的文化建设。

（三）竞赛参与者的大众性

举办学校体育竞赛应该以育人为宗旨，突出竞赛的教育特色，所以，学校竞赛受众面越广，参与人数越多，竞赛的教育价值就越大。而学校武术竞赛不但应该起到"育人夺标"的作用，而且应该承担起传承民族文化、弘扬民族精神的重任，在学校体育竞赛中扮演着不可替代的价值作用。

目前由于学校武术教育的困境，学校武术竞赛参与学生较少，并且很多是专业武术运动员，喜爱武术的普通学生只能望而却步，挫伤了很多青少年参加武术竞赛的积极性，不符合学校体育竞赛的理念要求。竞技武术比赛应该是专业武术运动员参与的，是为了最大限度发挥武术运动员潜能并争取优异成绩而进行的武术竞赛。它与学校武术竞赛应该有着鲜明的区分，学校武术竞赛是为了检验学校武术教学成果的方法，可发挥展示、激励、示范作用。

是以育人为宗旨，最终达到"育人夺标"目的的。所以，学校武术竞赛的现代特征必须凸显学校武术竞赛参与者的大众性，弱化比赛的竞技性，强化激励机制，增加学生获奖的概率，鼓励更多喜欢武术的学生有机会参与比赛，并在比赛中得到展示自己、肯定自己的机会。

（四）竞赛特色的展演性

学校武术竞赛的民族性、文化性、多样性等特征以前就已经存在，只是在不同的时代背景下，针对有些特征的重视程度不同而已。学校武术竞赛的展演性与学校体育竞赛的其他特征有所不同，其是"全国学校体育武术项目联盟"提出的新设想，改革学校武术竞赛的新理念。联盟争取以学校武术竞赛为载体，以"炫"为主题，炫学生的武术才艺，秀出武术的魅力，以此推进武术教育，丰富校园文化生活。

"展"有施展、施行、开、伸张等意思，"演"有表演、扮演等含义，一般用于才艺展演。当下，全国学校体育武术项目联盟突出学校武术竞赛的"展演性"，其原因为：首先，1949年以后，由于种种原因，武术的发展走"表演化、艺术化"的道路，丢掉了武术的"武"，失去了重竞技特色，变成了中国式的"武操"或"舞术"，使武术表演性、艺术性成分突出；其次，目前学校武术竞赛的竞技性强，从全国性比赛至地方性竞赛，所采用的竞赛形式、竞赛内容与竞技武术竞赛高度相似，不利于武术在学校的发展与推广。联盟希望通过强化激励机制，采用一、二、三等奖的形式取代冠、亚、季军的排名方式，淡化武术竞赛的竞技性，使学校武术竞赛突出"展演性"的特征；最后，学校武术突出"展演性"特征，淡化学校武术竞赛的竞技性，有利于学生身心健康。学校武术竞赛过浓的竞技性，必然过分强调比赛输赢的重要性，功利主义明显，同时不利于学生的身心健康，容易导致学生苦恼及焦虑水平上升，使学生产生参与运动的消极心理体验。学校武术竞赛突出展演性，让更多的学生经历一次积极的参与激励，培养学生习练武术的兴趣，有利于推动学校武术的健康发展。

三、学校武术竞赛的功能

功能指有特定结构的事物或系统在内部和外部的联系和关系中表现出来的特性和能力；功能是事物固有的能力范畴，具有客观性、固有性。但是在不同的历史背景下或不同的环境中，事物的主要功能与次要功能可以发生转变。例如，当人处在沙漠之中，在缺水的环境下，水的止渴功能将被放大，转变为最主要的功能；当人处于家中时，水供应充足，水的止渴功能依然存在，但不再突出。学校武术及相应竞赛的功能也具备同样的特性。在当前时代背景下，随着社会环境的变化、社会的需要、国家的需求及武术自身的需要，学校武术竞赛的主要功能应该为宣传与推广武术的功能、激发学生继续学习武术的功能、道德礼仪的规范功能、展现民族体育精神的功能、强健身心的功能、武术传承的继承功能等。

（一）礼仪道德的教化功能

"礼"是中国传统文化的精髓。武术伴随着中国社会的变革而产生与发展，在古代的礼射中，具有一套非常复杂、规范的礼仪要求，能够起到"以射观德"的效果，"拳以德立、无德无拳"等武术谚语都充分说明习武之人对礼仪、道德的重视。

在亟须加强学生礼仪、道德教育的社会背景下，学校武术竞赛培养学生礼仪、道德的功能必须凸显，也是学校武术及学校武术竞赛必须承担的社会责任。武术是优秀的民族传统体育项目，而学校武术竞赛可以提供学生强化自身礼仪、道德的平台，是培养学生礼仪、道德的优良载体。在竞赛过程中，通过规定运动员必须达到的礼仪规范、道德要求，在竞赛过程中反复地演练与内化，使外在的规范转化为学生的行为习惯。学校武术竞赛对于学生的礼仪、道德的规范力量常常表现为"无意识、潜移默化性"，其道德的培养往往通过竞赛时的武术礼仪规范得以实现。所以，在今后的学校武术竞赛中，必须注重学生礼仪、道德的培养，通过竞赛规程、竞赛内容、竞赛方式等各种方式引导学生，强化学生的礼仪、道德教育，凸显学校武术竞赛的礼仪、教育功能。

（二）传承、弘扬民族精神与民族文化的功能

在和平的时代，体育竞赛是世界各国较量的特殊平台，体育承载着各国的民族特征与民族文化。我国的民族传统体育项目很多，但武术是走进学校、影响较广的民族运动项目，学校武术竞赛必须承担传播民族文化、弘扬民族精神的重任。武术深受厚重的民族文化洗礼，是我国的文化符号，学生学习武术，参加武术竞赛，本身就是在领悟中华民族的文化内涵。同时，学校武术竞赛也是良好的文化传承与精神弘扬的载体，通过竞赛对学生礼仪、道德的要求，学生在赛场上顽强拼搏的体现，格斗竞赛中"能击而控"的礼让思想（学校格斗竞赛的规则导向，后面将详细介绍，在此不加赘述），向外界传递中华民族的文化与民族精神。

（三）强体魄、健心智的强健身心功能

学校武术竞赛的强健体魄功能体现在学生竞赛时，通过武术套路的演练与格斗技术的攻防实战达到力量、速度、耐力、灵敏及柔韧的强化，促进人体心肺功能、呼吸功能的改善，骨骼质量的提高等，从而达到强身的功效。

在竞赛的过程中，学生要克服身体、心理的疲劳，控制赛前焦虑状态、调控面对竞赛输赢的心态等心理问题，能够有效提高学生的心理抗压能力。通过赛场上的比拼，锻炼学生顽强拼搏的精神、坚韧不拔的毅力、机智灵活的反应，培养学生的自信心与自尊感，提高学生的心智水平。

（四）宣传与推广武术的功能

学校武术竞赛是学校教育体系重要的组成部分，起到检验、示范、激励的作用，同时承担着宣传与推广武术的功能。学校武术竞赛的举办对学校武术的推广与宣传具有重要的影响。从竞赛规程的下发，各学校组织学生集训、报名，到学生参加竞赛、赛后获奖等整个竞赛组织的流程，对学校武术的宣传与推广起到不可忽视的重要作用。学生在参加武术竞赛的过程中，锻炼了自己，同时也影响与感染着自己身边的家人、朋友，无形中担当了推广与宣

传武术的代言人的角色。特别学生在竞赛中取得了好成绩之后，自己在社会生活中，自觉不自觉地向别人讲述自己的比赛经历与获奖过程，向别人炫耀自己武术比赛成绩的同时，也宣传与推广了武术。在中国式家庭中，孩子的行为、活动内容，家长非常关注，学生参加武术竞赛，可以带动一个家庭去关注武术、了解武术，自己孩子获得优异成绩后，这个荣誉也会成为父母与朋友交流的话题，父母也成了武术的宣传者和推广者，所以，学校武术竞赛的宣传与推广作用之大不容忽视。

（五）学校武术竞赛的其他功能

学校武术竞赛的成功举办还具有其他很多方面的功能。例如，学校武术竞赛的娱乐功能、学校武术竞赛的审美功能。娱乐是一个很宽泛的概念，学生通过竞赛，既可以娱己，使自己从繁重学习压力中暂时解脱，体验运动、竞赛带给自己的刺激、快乐，也可以娱乐他人。学生在比赛中顽强拼搏的精神、坚韧不拔的毅力体现可以感化他人的同时，也使关心自己的家人、朋友欣慰、高兴，喜欢观看武术竞赛的人们看了相关竞赛，也可以使他们感到身心愉悦。另外，学校武术竞赛的美感也非常明显，武术套路中的运动服装、运动员的演练水平等都非常具有东方运动美感。学校武术格斗竞赛也同样具有美学效果，击打的速度、爆发的力量都可以给人以美的感受。学校武术竞赛还具有提高武术技能、提高人际交往、促进技术交流、丰富学生业余文化生活、激励学生继续习练武术等功能。

四、学校武术竞赛的价值

价值与功能既有联系，又存在着区别。功能是在一定时期的实践中人们认识和理解客观事物本质属性作用的产物，价值是人们对一定时期认识和理解到的客观事物的功能开发与利用的结果，可以指人根据自身的需要、兴趣或目的对其生活相关的对象物赋予的某种好与不好、可行或不可行等特性。也就是说，学校武术竞赛功能可以理解为学校武术竞赛的客观属性，而学校武术竞赛的价值则是在其本质属性及其功能的基础之上为满足社会、国家或个人的需求而额外赋予的主观属性。或者可以说，学校武术竞赛的价值是人们对学校武术竞赛的主观需求而产生的现实实践，同时这种主观需求的社会实践容易夸大学校武术竞赛的价值。

在不同的历史时期与时代背景下，人们对学校武术竞赛的主观认识不尽相同。例如，在古代冷兵器时代的战争期间进行了武艺竞赛，其提高军队的战斗力是主要价值，而在现代社会举行武术竞赛，其主要价值已经发生了明显的变化。在社会发展的今天，人们对学校武术竞赛的价值趋向不同于历史的其他时期，人们对学校武术竞赛的主观认识需要符合当前的社会环境、国家的需求、项目本身的需要等。因此，学校武术竞赛的主要价值应该是加强民族文化建设价值，提高青少年身心健康价值，推动学校武术教育发展的价值。

（一）加强中国文化建设价值

文化具有民族性、地域性，不同民族、不同地域又形成了人类文化的多样性。武术具有鲜明的中国文化特征与内涵，是中国文化特征的典型代表。通过学校武术竞赛这个平台，既可以加强对我国青少年的民族文化培养，也是对外宣传与弘扬中国文化精神与文化特征的重要手段。同时，学校武术竞赛能够规范学生礼仪道德，传承与弘扬民族精神、凝聚民族之心，促进学生的民族文化认同与群族认同观念，提高青少年的中国文化意识，加强我国的文化建设。

武术是中国文化的优良载体，是中国精神的象征，是培养民族自尊心和自信心的重要依托。而学校武术竞赛正是培植与涵养中国文化精神的重要手段，通过学校武术竞赛能够传播与弘扬中国文化精神，提高民族的自尊心与自信心。保持中国文化的独立性，提高中华文化在世界上的影响力，首先必须热爱自己民族的文化，具有民族文化自信心。武术是民族体育的代表，是中国文化的象征之一。学习武术、参加武术竞赛是学习武术技能，更是对民族文化的肯定。对民族文化的自信，能加深对祖国的热爱之情。学校武术竞赛通过其道德礼仪规范的功能、凝聚人心的功能、促进民族文化认同的功能，可以使学生深刻地感受到中国文化精神的魅力，虽然这些文化精神仅仅是无形的意识形态，学生抓不到，也看不见，但它却一直存在，维系着学生与武术的情感，唤起学生的民族意识，维系爱国情怀，增强学生的民族文化自信。

（二）提高青少年身心健康价值

健身是体育活动的基本特质与核心功能，学校武术竞赛作为民族传统体育在学校的重要活动形式，同样发挥着强身健体的功能，具有促进青少年身体健康的价值。在竞赛时，由于比赛的激烈性、展示性等特点，能够激发参赛学生的激情，调动身体的各方面机能完成比赛，对学生心肺、呼吸、骨骼肌等功能的锻炼有别于平时训练的状态，体现出有别于日常锻炼的特殊状态下的健身价值。虽然体育活动的基本功能是强身健体，但是体育活动还具有健心的附属特质，人们通过体育活动健身，也可以愉悦心情，解除疲劳，起到健心的效果，而体育竞赛的健心能效同样有别于一般的体育活动。学生在参加学校武术竞赛时，心理会出现很多变化，并且这种心理变化在赛前一段时间就存在，随着比赛的临近，心理变化就越明显。在赛场上，学生的心理波动更显著，比赛对手的变化、比赛的输赢对学生的心理产生影响，能够充分锻炼学生的抗压能力与抗挫折能力。学生在竞赛中体现出的顽强毅力和拼搏精神，同样也锻炼了学生坚强的性格，所以，学校武术竞赛具有良好的健心价值，可以培养学生强健的心智，使学生内心更强大，提高自信心与自尊心。

历史上各个时期，体育活动的健身育心价值都非常显著，在社会飞速发展的今天，学校武术竞赛必须凸显学生身心健康的价值，其应该是学校武术竞赛的立赛之本。学校武术竞赛首先是体育活动，是体育活动就应该具有促进学生身心健康的价值，然后才是传播民族文化、弘扬中国精神的载体，才是培养学生爱国情怀、增强民族凝聚力的实践路径。尤其是处于当下的社会环境，中小学生耐力素质、柔韧、速度和力量素质等出现连续下降（除个别年龄段外）的现状下，并且学生的心理承受能力也需要加强的社会背景下，学校武术竞赛的强健身心价值必须充分地凸显，才能符合社会、学校、家长的意愿，有利于推动学校武术竞赛的发展。

（三）推动学校武术发展的价值

学校武术竞赛具有加强社会文化建设的价值，也具有促进青少年身心健康的价值，但是这两方面价值能效与学校武术竞赛的参赛人数息息相关，参赛的人数越多，学校武术竞赛的文化建设与强身健心价值越突出，或者说，学校武术竞赛越具有存在的价值。一般认为，学校武术教育的普及程度直接影响到学校武术竞赛的参加人数，学校武术竞赛必须建立在学校武术教育的基础上，没有学校武术教育，就没有学校武术竞赛。这种思维没有错，学校教育发展好、普及度高，参与学校武术竞赛的学生人数必然增加，学校武术竞赛的文化建设价值与强健身心的价值越能体现出来。但是我们忽略了事物发展的相互原理，学校武术教育与学校武术竞赛的发展应该是相辅相成、相互影响的，学校武术教育的发展能推动学校武术竞赛的提高，学校武术竞赛的健康发展，也同样能推动学校武术的发展与普及。

第三节　学校武术竞赛的基本原则与构成

一、学校武术竞赛的基本原则

（一）学校武术竞赛的文化传承原则

教育部将武术列为未来重点发展的七个项目之一，并成立了全国学校武术联盟，不仅是为了推动学校武术的发展，而且是为了加强民族文化建设，希望学校武术能够承担起传承民族文化、弘扬中华精神的重任。而学校武术竞赛是学校武术教学、训练的延伸，是学校武术教育的重要组成部分，基于此，举办学校武术竞赛必须以文化传承为基本导向，通过学校武术竞赛的宣传性、交流性，传承民族文化，弘扬民族精神。但是，目前学校武术竞赛主要以竞技武术套路为主，具有民族文化代表性的传统武术拳种被排除在外，具有武术本质属性的武术格斗也不在其中，严重地削弱了学校武术竞赛的民族文化弘扬功能。未来学校武术竞赛应该根据全国学校武术联盟提出的"一校一拳、打练并进、术道融合、德艺兼修"的教改思路，合理地组织与规划，充分体现学校武术竞赛的文化传承与精神弘扬的价值与功能。

（二）学校武术竞赛的教育至上原则

学生处于世界观、人生观、价值观形成的特殊时期，在学生的成长过程中，任何的体育活动与竞赛都具有一定的教育价值。武术历来强调武德的重要性、道德礼仪的规范性，具有其特殊的教育价值，因此，学校武术竞赛必须充分挖掘其价值功能。根据全国学校武术联盟"术道融合、德艺兼修"的教改思路，竞赛不仅需要重视学生的技术呈现，而且需要重视学生的道德提高与礼仪的规范，培养道德礼仪与武术技术共同修炼、共同提高的武术人，最终达到"立德树人"的学校武术教改目标，充分体现学校武术竞赛独特的教育价值。

其实，学校武术竞赛的道德礼仪规范教育价值并不是今天才附加于武术，武术在任何的历史发展时期，都特别强调武德的重要性，习武先习德，充分体现了武术对道德教育的重视。学校武术竞赛需要充分发挥其道德礼仪教育的功能，通过竞赛规则的引导，进行赛前、赛中、赛后的道德礼仪规范影响，加强青少年的道德礼仪教育。加强学校武术竞赛的道德礼仪教育，等同于加强民族文化传承与弘扬，有利于培养具有民族文化根基的武术习练者。

（三）学校武术竞赛的弱化竞技原则

学校武术竞赛是检验学校武术教学成果的方法，是鼓励学生继续学习武术的手段，是为了推广与宣传武术，吸引更多的武术爱好者积极从事武术学习与竞赛，学校武术竞赛需要突出普及性与大众性。而竞技武术比赛是专业武术运动员参与的、具有较高水平的武术竞赛，是为了最大限度发挥武术运动员潜能并争取优异成绩而进行的武术竞赛，应该是为国家培养武术人才或者是为国争光的武术赛事，它与学校武术竞赛有着鲜明的区分。学校武术竞赛应该为学校教育服务，重在推广武术，推动武术进校园，吸引更多的中小学生喜爱武术、学习武术，参加武术竞赛，实现武术育人的目标。所以，学校武术竞赛应该服务于非体育专业的广大学生，培养他们学习武术的兴趣，需要改变一贯的"竞技性"思维，通过合理的设置竞赛规则、奖项设置等措施，弱化学校武术竞赛的竞技性，更多地为广大非专业学生的武术爱好者服务，培养学生对武术的兴趣，有利于学校武术竞赛的健康发展。

二、学校武术竞赛的分类

"分"为分出、区分的意思，"类"为种类的含义。分类是以对象的本质属性或显现特征为根据进行划分；是一种把握事物共性的同时辨识事物特性的逻辑手段，分类不仅能使人的认识条理化，而且能实现处置上的目的性与有效性。所以，分类可以说是按照事物的性质、特点、功能、用途等从不同角度区分事物的方法。而学校武术竞赛是以学生为主体的体育赛事事件，由于学生的年龄结构、技术水平等情况与竞技的体育竞赛有着不同的特征，所以分类的切入点也有所不同。根据学校武术竞赛的特征，可以将学校武术竞赛从学生的学段、竞赛等级、竞赛组织形式、竞赛周期、竞赛规模等多个维度进行划分。

从学校武术竞赛等级分类，我国关于学校武术竞赛已经具备了全国性的学生武术比赛、省级学生武术竞赛、市县级学校武术竞赛，甚至是乡镇或学校内部的武术竞赛，同时，武术已成为世界大学生运动会竞赛项目，世界性学校武术竞赛即将展开。在竞赛组织形式方面，目前常见的为全国性大学生武术锦标赛，地区、校际的邀请赛、交流赛，为学生参加大型武术比赛进行的选拔赛等。在目前的学校武术竞赛中，挑战赛、精英赛及视频赛等形式比较少见。在学校武术发展的新思路引导下，可以利用挑战赛、精英赛等创新组织形成，培养学校武术明星运动员，树立榜样效应，增强学校武术竞赛的影响力。而视频赛主要是用于集体赛的评比方法与手段，如评选全国武术优秀学校、全国武术模范学校等，主要通过全校练习武术的学生数量与质量等进行评估，各自在自己学校进行集体演练、拍摄视频，以视频的方式传到全国学校武术联盟，然后根据视频进行评比的竞赛方式。

三、学校武术竞赛内容体系路径选择

武术在发展的历史长河中，形成了丰富多彩、千姿百态的套路体系与格斗技法，仅仅选择竞技武术套路作为学校竞赛的内容明显不合适。当下，全国学校武术联盟提出"一校一拳、打练并进"的发展思路，学校武术竞赛的内容体系需要进行重新规划与选择，应该将具有地方特色的传统武术与具有武术本质属性的武术格斗引入学校武术竞赛内容体系，改变学校武术比赛以竞技套路为主的局面，丰富学校武术竞赛的内容，增强学校武术竞赛的魅力与吸引力。

（一）学校武术竞赛引入格斗内容探讨

1.学生的喜爱使举办学校武术格斗竞赛成为可能

套路是武术的重要内容，但是缺少了武术格斗的学校竞赛总显得不够完整，而且也不符合学生的心理需求。有学者对学生学习武术的动机进行了调查，排在第一位的是防身自卫。国内专家学者发现了这个问题之后，针对学校武术教育提出了新的思考。有关学者提出了"淡化套路，突出方法，强调应用"，又针对学校武术套路教学改革提出新见解，指出套路内容改革应立足于"提高学生防身自卫"的能力。也有学者针对"淡化套路，突出方法，强调应用"的含义充分阐述了武术攻防的重要性，教学中突出武术攻防的紧迫性。基于学生喜欢对抗性项目的前提，为学校武术竞赛体系引入武术格斗的内容提供了可能。

2.全国学校武术联盟"一校一拳、打练并进"的发展思路为学校武术竞赛引入格斗内容奠定了基础

2013年9月，全国学校体育武术联盟成立，提出了"强化套路，突出技击，保质求精，终身受益"的理念、"一校一拳，打练并进，术道融合，德艺兼修"的新思路、"强身健体，自卫防身，修心养性，立德树人"的教育目标，为学校武术教育的新一轮推进拉开了序幕。"突出技击、打练并进、防身自卫"的思想为学校武术格斗的推广指明了方向，强调在今后的学校武术发展中，在重视武术套路发展的同时，必须加强武术格斗内容的推广，使学习武术的

学生"能演会打"，具备防身自卫的能力。而学校武术竞赛是武术教育的重要组成部分，可以起到激励、检验与展示的作用，是整个武术教育过程中不可分割的重要内容。学校武术教学、训练内容的改变必然导致学校武术竞赛内容的变化，所以，学校武术竞赛内容需要引入武术格斗的内容。

3.学校武术格斗竞赛的技术体系选择

竞技散打进行了多年的发展，技术体系已经相当成熟，但是由于学校武术竞赛一直没有开展武术格斗类比赛，照搬竞技散打的技术体系明显不合适，应该在现有竞技散打技术体系的基础之上，根据学校武术竞赛参与者的特点，进行一定程度的修改。研究者建议采用"先收后放"的方法，"先收"的含义就是在开展比赛的前几年选择较为简单的武术格斗技术进行竞赛，如拳法选择冲拳、贯拳，腿法选择侧踢、正踢、踹踢，摔法在中小学生格斗竞赛中禁止使用。竞赛过程中，参赛者仅能使用规程中规定的技术动作，否则视为犯规行为，并利用"击而寸止"等规则导向保证竞赛的安全性，把比赛的危险性降到最低，打消社会人士对格斗竞赛危险性的顾虑。待学校武术格斗竞赛逐渐成熟后，可以根据前几年的比赛经验总结进行再次修改，适当调整竞赛时的技术使用限制，逐渐将"摔法"融入学校武术格斗竞赛体系中。但摔法的引入应该事先进行多次的试验验证，并且限制危险摔法的使用，在竞赛规程中明确规定哪些摔法可以使用、哪些不可使用。同时，由于学校武术竞赛涉及小学、中学、大学多个年龄段的学生，在格斗竞赛开展前几年应该根据不同的年龄进行区别对待。小学、初中阶段可以进行规定性条件实战，高中、大学则可以在规则导向下进行实战对抗，及时总结每年比赛中发现的问题，合理地调整格斗竞赛的内容体系，使学校武术格斗竞赛逐渐走向成熟。

（二）学校武术套路竞赛内容的修改路径

1.学校武术套路竞赛增加具有地方特色的传统武术缘由

竞技武术套路的发展源于传统武术，离开了传统武术，竞技武术套路就成了"无源之水、无根之木"，因此，学校武术竞赛应该增加地方特色拳种，体现学校武术竞赛的地方特色及地域民族文化性。由于我国地缘广阔，各地的风土人情各不相同，在特定的农耕经济文明下，各地不同的地理环境、风土人情，在历史的发展过程中，形成了不同的武术拳种，使我国武术拳种丰富、各具特色。基于此，学校武术竞赛内容应该增加传统武术的内容。在"一校一拳"的武术教育改革思路下，将地方特色拳术引入学校武术竞赛体制，增强学校武术竞赛的民族文化性，更是发扬与继承传统武术行之有效的途径。武术本是丰富多彩、独具地域特色的民族传统体育项目，不应该让标准化、模式化的现代体育竞赛理念吞没，消磨了武术原有的特色。

2.选择学校武术套路竞赛拳种内容的方法路径

1949年以后，武术套路是学校武术竞赛的全部内容，比赛的流程与相关的规范已经相对成熟，只是比赛的内容主要以竞技武术套路为主，使许多具有典型代表的传统武术得不到应有的重视。现在全国学校武术联盟提出"一校一拳"思路，全国的学校武术套路教学不再实行标准化，根据地方特点及学校的资源，学校可以自行选择合适的武术拳种，既可以是现代武术的竞技武术套路，也可以是具有地方特色的武术拳种，这样可以较好地解决武术拳种的继承问题，使具有地方特色的武术拳种得到较好的继承与发展，更好地传承与弘扬地域文化，体现武术的文化特色。但是同时也会产生很多亟须解决的问题，如哪些武术拳种可以参加比赛、哪些不可以；多种武术拳种参加比赛，给裁判工作增加了难度，如何培养合适的裁判员问题；那么多拳种同时参加比赛，比赛的组别怎么划分问题；学生武术比赛有小学、初中、高中和大学的学生，他们进行比赛是否都需要练习同样的技术内容等问题。

在目前的学校武术竞赛中，竞赛的内容一般包括长拳、太极拳、南拳，还有相应的武术器械，相对于我国丰富的武术拳种而言，参赛的项目还是非常精简。而采用"一校一拳"的理念后，参加学校武术竞赛的拳种将增加很多，待发展到一定程度，拳种的数量很有可能超过百种，再加上相应的器械，可达到几百种比赛项目，形成了一个庞大的技术体系。针对这样的情况，应该采用"先放后收"的策略。"先放"的含义是在刚施行"一校一拳"的理念时，参赛队伍可以用任何武术的套路进行比赛，经过几年比赛后，参赛人员的拳种类型、拳术数量达到相对稳定后，对武术拳种进行归类、总结。根据该武术拳种的发展史、地域影响力及当下练习该武术拳种的学生数量，规定哪些武术拳种是学校武术竞赛的指定内容。对没有进入学校武术竞赛规定的拳种，在后期的比赛中仍然可以申报，但必须经过联盟专家组进行审核，审核通过后方可选择该拳种参加学校武术竞赛。

3. 学校武术套路竞赛的裁判培养、组别划分及不同年龄段的参赛内容选择问题探析

当几百种武术套路项目进行同场竞技时，场面壮观、观赏性提高，但同时给裁判工作带来巨大的压力。由于竞赛经费的限制、竞赛成本及裁判队伍规模的控制等因素，不可能给每一个拳种配备相应的裁判人员，而需要每个裁判员尽可能地了解更多拳种的风格特点，根据学生运动员的套路演练熟练程度、动作规格、演练技巧、演练时学生的精神面貌等方面进行综合评价，同时通过合适的竞赛体制降低竞赛主观因素对比赛结果的影响。而针对于那么多拳种同时竞赛时，组别到底应该怎么分，也同样是需要解决的重要问题。在近百种拳种比赛中，不可能与现在的竞技武术比赛模式分组一样，应该改变一贯的思维方式进行改革。在比赛中，我们可以根据学生的年龄分组，而对于拳种将不再进行分组，各种拳种放在同样组别进行比赛。或者，将近百种拳种分成几大类，就如同以前的内家拳、外家拳之分法，以及现代武术的太极拳、长拳、南拳的分法。分组之后，对每一大类拳种的核心技术特征进行提炼，让裁判员了解每一大类的套路的技术特点，学生演练到什么程度是优秀、什么程度较差，再采用淘汰制进行竞赛，使用"分权"等规则导向提高比赛的公平、公正性，以此解决比赛的分组问题。

对于小学生、初中生、高中生和大学生应该选择哪类套路参赛的问题，可以根据年龄的特征，结合学生生理发育特点进行合适的规划与选择。由于学生正处于身体发育期，小学生和初中生选择同样的竞赛要求明显不合适，可以根据某类拳种中套路的难易进行划分。小学生组别的套路竞赛，参赛者演练自身练习某拳种的简单套路即可，但是为防止有些教练为了取得好成绩，让孩子选择难度较大的套路进行参赛，可以通过规定小学生演

练套路的时间，必须在相应时间内完成套路演练。在学校武术竞赛成功举办多次之后，根据每年的竞赛情况总结和概括，针对不同的拳种，选择多套合适小学生练习的武术套路，以后的竞赛中，小学生参赛仅选取规定的套路参赛即可。

四、学校武术竞赛组织方式的路径选择

本书所分析探讨的学校武术竞赛组织方式主要指，当传统武术、武术格斗引入学校武术竞赛体系后，学校武术竞赛应该怎么组织安排的问题。武术是一个内容丰富的技术体系，一个运动项目中，包含很多子项目。当传统武术、武术格斗引入学校武术竞赛体系后，不可以选择目前竞技武术竞赛的模式，设置学校传统武术竞赛、学校竞技武术套路竞赛与学校武术格斗竞赛。应该对学校武术竞赛的组织方式进行改革，不能照搬竞技武术比赛"分腿走路"的形式，而是应该采用"合三为一"的学校武术竞赛新模式。每次举行学校武术竞赛的项目设置应该包括武术套路与武术格斗两方面的内容，其中武术套路竞赛项目中包含徒手与器械、传统与竞技，而武术格斗竞赛主要包括拳、踢、摔技法。同时，根据竞赛性质设置个人赛与集体赛，在个人赛与集体赛中分别设置单个项目竞赛与武术全能竞赛。需要特别指出的是，学校武术竞赛中的武术全能竞赛指的是武术套路与武术格斗的全能，与现在竞技武术套路比赛的全能不同。其实，武术套路与武术格斗源于传统武术，它们共同构建了中华武术的技术体系与结构，不应该人为地将它们割裂而分开发展。将武术套路（包括传统武术）、武术格斗同时纳入学校武术竞赛体系，共同竞技，这是学校武术竞赛最好的选择，也是武术竞赛的真实回归。

这样的学校竞赛安排具有很多方面的优势：

（1）真实武术竞赛的回归。目前学校举行的武术竞赛，严格意义上不能称为武术竞赛，应该称为武术套路竞赛更合适，只是因为种种原因，大家似乎习惯了这样称呼。既然称之为武术竞赛，理论上必须包含武术套路与格斗等内容。格斗是武术之"打"，套路是武术之"练"，"打练结合"是武术之基本要求，只有合理整合武术格斗竞赛和武术套路竞赛，才能真正地体现武术"打练结合"的特征。所以，学校武术竞赛只有合理地安排与处理武

术套路类竞赛与武术格斗竞赛，合并成一次比赛，既体现了武术"打练结合"的特征，也是真实武术竞赛的回归。

（2）有利于培养"能练会打"的武术人。根据全国学校武术联盟"打练并进"的操作思路，给"能练会打"的学生找到合适的展示平台。学校武术竞赛鼓励、倡导学生参加武术全能竞赛，即一个学生同时参加武术套路与格斗竞赛，真正培养习武学生能"演"、能"打"的能力，有效化解武术套路习练者没有格斗能力的尴尬局面。

（3）展示武术的全貌，有利于学校武术推广与宣传。学校武术竞赛是对外宣传与交流武术的窗口。每次举行学校武术竞赛，全面的项目设置能够让外界更好地了解武术的技术体系，分清楚武术套路与武术格斗的区别。学生也可以根据自己的喜好，选择自己喜欢的内容练习，有利于学校武术的推广。

（4）节约竞赛成本。将武术套路类竞赛与武术格斗竞赛等整合成为一次性竞赛，可以大量的节约人力、物力，能够有效地提高学校武术竞赛的竞争力。

五、学校武术竞赛方法的路径选择

（一）学校武术竞赛方法的现状

目前学校武术竞赛的方法主要选择"轮竞制"类竞赛方法中的"轮次赛"，即运动员依次出场，裁判根据运动员的表现给予打分，最后以分数高低排名次的方法，这类似于体操、技巧、跳水等项目。其实学校武术竞赛是选用了我国竞技武术套路的竞赛方法。这套竞赛方法是专门针对竞技武术套路比赛而设定，而针对普通学生参加的武术套路竞赛，此方法存在很多问题。例如，由于普通学生组武术竞赛者的技术水平低、难度动作小或者不规范等原因，裁判根据现有的竞技武术套路规则进行判罚根本找不到评判的基准点，即出现了很多参赛教练员所反映的学生武术竞赛判罚无规律可循，认为是一种模糊评判，裁判员全靠感觉及经验给分，即为所谓的"估分"，公平、公正问题根本得不到保障。而竞赛的公平、公正至关重要，甚至关乎到一个竞赛项目的生死存亡，所以，学校武术竞赛照搬竞技武术套路的竞赛方法明显不合适，严重阻碍了学校武术竞赛的健康发展。同时，当武术格斗等内容引入学校武术竞赛体制后，由于格斗的技术特征不能选用"轮次赛"的竞赛方法，而同一次的竞赛采用两种竞赛方法组织容易带来很多困难与麻烦。例如，一方面，给人感觉武术套路与武术格斗竞赛是"形合神没合"；另一方面，将增加学校武术竞赛的成本，加大了竞赛组织的难度。所以，必须对目前的学校武术竞赛方法进行合适的改革，选用一种既能够适合武术套路的竞赛方法，又合适武术格斗的竞赛方法。基于此，研究者认为，淘汰制是学校武术竞赛方法的较好选择。

（二）学校武术竞赛选择淘汰制竞赛方法的缘由

淘汰制是极为古老的一种竞赛方法。所谓淘汰制，即参赛各方按照排定的竞赛次序，两两之间竞赛；比赛的负者失去继续比赛的资格，胜利者进入下一轮比赛，比赛逐轮进行，直到最后一场，最后一场比赛胜利者为整个竞赛的冠军。这里所阐述的淘汰制即通常所说的单淘汰制，淘汰制是对抗性竞赛中最为常用，极为重要的一种竞赛方法。其中淘汰制优点为：组织形式容易被人理解；适合于有大量参赛者的比赛；比赛场次少；比赛场地少。同时淘汰制也存在一些缺点，如位置、名次不完整的问题，机遇性强等问题，但可以通过设置"轮空"或"抢号"的方法解决位置问题，利用设置"种子"方法弥补机遇性强的缺陷，利用"附加赛"处理名次不全的问题。

当武术套路与武术格斗同时作为学校武术的竞赛内容时，首先，淘汰制是对抗性项目的常用竞赛方法，非常适用于学校武术格斗竞赛；其次，根据淘汰制竞赛方法的特点，该方法同样适用于学校武术套路竞赛。其实学校武术竞赛选用淘汰制不仅可以提高竞赛的公平、公正性，而且可以有效化解目前学校武术竞赛的困惑，促进学校武术的健康发展。

学校竞赛选用淘汰制的优势可以归纳为：

（1）化解武术套路与武术格斗同时竞赛的矛盾。目前，武术套路与武术格斗采用不同的竞赛方法，很难组织武术套路与武术格斗同时、同地进行竞赛，武术套路与武术格斗竞赛一直处于分家的状态。武术套路与武术格斗都是武术的重要内容，但是多年的发展，导致武术套路与武术格斗竞赛成为无法共融的不同竞赛项目。而选用了同样的竞赛方法，统一组织、统一竞赛方法，可以化解目前的矛盾。

（2）降低套路竞赛的判罚难度。淘汰赛是两两较技的竞赛方法，两个选手可以同时上场、同场竞技，也可以先后上场，根据两个人的技术水平进行判罚胜负的竞赛方式。这样一来，只需要裁判员判别两位参赛者的技术水平来确定谁是该场的胜利者，此种的判罚比起现有的竞技套路竞赛方法判定容易很多，降低了判罚的难度。

（3）化解目前学校武术套路竞赛"估分"的困境。不管是学校武术套路比赛的哪个组别，参赛学生的难度动作如何，或是否设置难度动作，只要在赛前规定每个组别的竞赛套路及难度动作要求，都可以采用同样的竞赛方法。裁判员根据参赛者的综合演练技术水平判定胜负，与学生有没有完成动作难度没有关联，有效化解了目前普通学生组因为没有难度动作，而出现"估分"的情况。

（4）方便设置武术全能赛，有利于培养"能练会打"的习武学生。采用统一竞赛方法，同时、同地比赛，可以设置武术全能赛，并积极鼓励学生参加武术全能竞赛。但武术全能赛不是现在的武术套路全能，而是能练能打的全能，是参赛者同时参加武术套路和武术格斗竞赛，最后根据总分评判武术全能奖项。

六、学校武术竞赛组织形式的路径选择

体育竞赛的组织形式多种多样，学校武术竞赛必须根据武术的特征与特色，合理地设置学校武术竞赛的组织形式，丰富学校武术的活动方式，给学生提供更多展示自己武术水平的平台，提高学校武术的吸引力与魅力，促进学校武术的推广与宣传。目前，学校武术竞赛的主要形式为全国学生运动会武术比赛或者省学生运动会中的武术竞赛，全国、省市大学生武术锦标赛，国内外学校武术交流赛，还有参加重要武术竞赛的选拔赛等形式。而武术进学校最主要是为了推动学校武术的普及与推广，增加广大青少年学习武术的数量。当习武的学生群体增加到一定程度，学校武术竞

赛应该提供给学生更多展示自己的平台，丰富学校武术竞赛的组织形式。基于此，研究者认为，未来学校武术竞赛的组织形式应该有以下几种组织形式存在。

（1）运动会武术竞赛。运动会武术竞赛是我国目前学校武术竞赛的主要形式之一，如全国大学生运动会武术比赛、全国中学生运动会武术比赛，该竞赛是学校武术竞赛的最高水平代表。除此之外，武术项目也是各个省市的大学生运动会的常设项目。在未来学校武术竞赛的发展过程中，全国、省市学生运动会武术比赛也将同样是学校武术竞赛的主要形式之一。

（2）学校武术锦标赛。大学生武术锦标赛是目前学生武术竞赛的另外一种主要组织形式，每年组织一次，是大学生武术竞赛活动的主要代表。但是，由于武术在学校普及程度的桎梏，中学生与小学生的武术锦标赛仍然没有形成统一、规范的竞赛形式。

（3）精英挑战赛。所谓的精英挑战赛，是指选拔全国最优秀的学校武术套路与武术格斗运动员进行同场较技的一种竞赛形式，参赛人数少而精，主要是为了通过竞赛的宣传与举办培养学生武术明星，树立榜样的作用。目前学生运动会的武术比赛、学校武术锦标赛的组织形式当然重要，但是缺乏创新，在展现武术的魅力方面有限。而通过定期举办"精英挑战赛"，培养学校武术明星，树立学校武术习练者的典范，可以充分发挥榜样的效应作用。

（4）集体视频赛。集体视频赛是以呈送视频为参赛方式的集体性武术竞赛形式。武术进学校，学校的武术普及程度远比该学校取得多少全国学校武术比赛的冠军更为重要，凸显学校武术普及的重要性。集体视频武术竞赛是为了学校武术普及程度高的学校而设置的展示平台。当然，为了防止视频的作弊行为，需要建立合适的抽查或审查机制，保障该赛制形式的顺利进行。

（5）其他竞赛形式。除了以上的几种竞赛形式以外，根据学校、地区等情况的需要，还可以设置更多的学校武术竞赛形式，如学校武术展演赛、学校武术选拔赛、学校武术邀请赛、学校武术交流赛等形式，这些组织形成与以上的学校武术组织形成共同构成学校武术竞赛形式的结构框架，为习武学生提供更多的展示平台。

七、学校武术竞赛规则导向

（一）竞赛的礼仪道德规范性

利用学校武术竞赛加强学生道德礼仪教育有着得天独厚的条件。谈到武术，武德是一个绕不开的话题，传统武德强调"拳以德立、以德服人"，武德是习武之人的道德呈现，武德的修为远比武技的修为更重要。通过武德的制度制约，对参赛学生提出更高的道德礼仪要求，规定学武之人应该做什么、不应该做什么等问题。甚至可以把参赛学生的道德礼仪规范情况纳入学生的比赛成绩之中，凸显学校武术竞赛对道德、礼仪的重视。通过竞赛的对道德、礼仪的重视，使硬性的规定内化为学生的行为习惯，从"制约机制"向"精神境界"转化，给学校、家长呈现出学习武术的孩子更有礼貌、懂礼仪，是一个德技兼修的人。

学校武术竞赛的道德礼仪应该从赛场内道德礼节规范性与赛场外的道德礼仪倡导性两个方面体现学校武术竞赛的道德礼仪规范作用。

1.赛场内的道德礼仪规范性

在赛场内，上场比赛开始前，应该向裁判员、对方教练员、竞争对手、主席台及观众行武术抱拳礼。在比赛过程中，如果因为犯规等原因暂停比赛，必须行礼表示歉意，特别是武术格斗竞赛时，如果因自身的犯规而暂停比赛，必须向对手行礼表示歉意。在比赛结束后，不管比赛的结果如何，必须向对手、对方教练员、裁判员、主席台及观众行礼。如果在赛场上的道德礼仪表现达不到规则的要求，裁判员可以行使判罚权。如果选手因为输掉比赛，心里不舒服、不服气，出现不礼貌的行为，即使比赛结束，也可以对运动员的表现进行判罚。根据运动员不礼貌行为的情节严重性，可以采用不同方式进行不同程度的判罚。

①竞赛资格处罚法。根据运动员不遵守道德礼仪规范的情节轻重进行当场处罚。情节较轻者，大会通报批评；情节较重者，取消该次比赛以后的所有竞赛场次；情节恶劣者，取消今后几年的比赛机会，甚至可以惩罚该队员所在的整个运动队。

②礼仪道德信誉扣分法。假如在赛场上发生不礼貌、不道德的行为，裁判组商议后，认为达到某一级别处罚的标准，赛后上报仲裁组审批，获得批准后，根据该学生的违反规定的情节严重程度，对该学生的道德礼仪信誉进行扣分，并通过大会，或者通过学校武术竞赛会议等其他方式进行公示，并告知当事人。假设每个参赛者可扣总分为 5 分，那么当总分被扣完后，将不能参加今后学校组织的任何竞赛活动。总之，让每一个队的教练与队员都必须清楚地认识到道德礼仪的重要性，技术水平可以差，但道德礼仪必须做到位，长期如此要求，让习武的学生从内心意识到武术的道德礼仪比技术本身重要。

2.赛场外的道德礼仪规范倡导

学校武术竞赛的道德礼仪规范性，不会随着比赛的开始而兴，伴随比赛结束而衰，而应该让学校武术竞赛道德礼仪规范的功能前置与后延，前置就是在比赛开始之前很长一段时间内，由于学校武术竞赛的道德礼仪要求，能够影响到习武学生对自身道德的要求与提高。后延就是当比赛结束后，习武的学生能够逐渐将习武的道德礼仪要求铭记在心，在日常生活中不经意地体现出来。因为竞赛的规则导向具有指挥棒的作用，当竞赛要求参赛者必须严格执行规则规定的道德礼仪时，在赛前很长一段时间内，教练将要求参赛学生进行反复练习，直到练习得非常熟练，再加上比赛期间的反复强化，相应的道德礼仪规范能够转变为习武学生的行为习惯。所以，即使比赛结束后，学校武术竞赛的道德礼仪规范效应仍然存在。

当然，在场外的武术道德礼仪规范的倡导，仅仅靠比赛的前置与后续效应是远远不够的，还必须用合适的方法进行引导与监督。

①道德礼仪信誉加分法。当学生在社会、学校、武术竞赛等场所的高尚道德表现获得相关部门的表扬与奖励时，可以根据奖励部门的级别增加学校武术道德信誉分。

②赛场之外道德礼仪规范监督法。在比赛场外，如学生住宿的地方、参赛学生吃饭的地方等公共场合，组建一支竞赛道德礼仪规范巡视小组，不定期地对这些参赛学生经常出入的地方进行巡视，如发现不合习武道德礼仪规范的事情，当记录上报竞赛委员会。

③赛场外的道德礼仪规范宣扬鼓励法。通过各种渠道，如赛场的海报、学生聚餐的食堂等地方进行武术道德礼仪宣传，提倡习武学生在日常的生活中应该继续发扬习武之人的道德规范，倡导习武之人要尊敬长辈、尊重对手等，体现良好的品质。在学生群体中，树立武术道德礼仪规范标兵，发挥榜样的带动效应。

监督与倡导并存，让习武学生明白，武术道德礼仪规则的遵守不是为了比赛，而是习武之人应该具有的良好品质，习武不仅是为了提高自己的格斗能力，而且是为了培养学生骨气与底气，提高学生自我保护、见义勇为的能力。其实赛场外的监督只是让习武学生明白武德的重要性，这是一种手段，不是为了惩罚学生而故意刁难学生的方法，只是为了让习武的学生在规范的道德礼仪环境下，养成良好的品质。学生阶段，特别是中小学，是世界观、价值观、人生观发展与形成的重要阶段，环境的影响尤为重要，只要提供给他们合适可行的环境，就能够形成健康向上的人格。

（二）赛事公平、公正性

目前学校武术套路竞赛的方法选择为轮竞制类竞赛方法中的轮次赛，这套竞赛方法是专门针对竞技武术套路比赛而设定，而针对普通学生参加的武术套路竞赛，其竞赛的公平、公正性存在质疑，影响了学校武术竞赛的发展。当淘汰制引入学校武术竞赛体制后，竞赛方法的改变，在一定程度上能够改变学校武术竞赛的公正、客观性，但是竞赛的公平、公正至关重要，甚至关系到一个竞赛项目的生死存亡，所以，还必须从规则的其他方面进行引导与抑制竞赛不公正的出现，尽可能地提高学校武术竞赛的公平、公正、客观性。研究者认为，从以下几个方面着手可以有效地提高竞赛的公正、客观性。

1.裁判权力分权化

所谓学校武术裁判分权化，是指将判定比赛胜负的权利交给多人决定，并且它们的决定权是相当的，要求每一位裁判都有判定比赛胜负的权利。例如，学校武术竞赛中使用5位裁判判定胜负，那么当一场比赛结束后，每个裁判都出示自己判定比赛胜负的结果，根据判定一方胜者的比例确定该场的胜方,这样可以提高比赛的公平、公正性。在套路竞赛中,当淘汰制引入学校武术竞赛体制后,两两进行较技时,降低了套路比赛的判罚难度,但是每个裁判员对参赛学生的综合演练水平的判定存在一定的差异性,特别是两个参赛学生技术水平相当的情况下,根据统计学原理,越多人参加判定,比赛的公平、公正性越高。在武术格斗竞赛中,虽然淘汰制是对抗性项目的常用竞赛方法,但是裁判分权化同样重要,在参赛学生进行格斗过程中,由于每个裁判所处的角度不同,看到参赛学生的技术运用情况也不尽相同。所以,在每一个角度,某位裁判能够清楚地看到运动员的得分动作,但是处在另一个角度的裁判可能因为参赛运动员身体位置的阻挡等原因而看不到得分动作,所以,裁判员的分权化对学校武术格斗竞赛同样重要。

2.上场裁判选调随机化

裁判选调随机化指每场上场执裁的裁判员都是经过计算机随机抽调上场。在开赛之前,将每位裁判员输入计算机程序,进行合适的编排,在该场比赛即将开赛之前进行计算机随机抽调,抽调上场的裁判员,除了需要回避等特殊情况外,其他一律不许人为调换裁判人员。这样的操作,即使事先知道某位参赛者是某天、某场的比赛,以及知道自己的对手是谁,但是控制不了上场执裁的裁判员,可以有效避免人为因素的干扰。

3.裁判执法透明化

所谓裁判执法透明化,是指裁判公开自己的判罚结果,让运动员、教练员、观众等一切关注这场比赛的人都知道每一位裁判判罚的结果。在武术套路竞赛中,当该场的比赛结束后,每位裁判员出示(举牌或举旗等方式)自己的判罚结果,让在赛场的每一个人都能知道每位裁判是怎么判罚的,并且每个场地的裁判长要时刻监督着每一个裁判的判罚结果。在武术格斗竞赛中,裁判执法应该细化到每位裁判的每一次判分。例如,判定每位参赛者拳法得分,有哪几位认为该拳得分了,每次得分的结果都经过显示屏公布于众,让运动员与教练员都清楚当时、当下的得分情况。

4.裁判执法监督化

裁判员执法监督主要体现在两个方面,一方面,利用裁判长、副裁判长对执裁裁判员进行行为监控。同时，利用录像、存档、申诉等形式配合裁判长与副裁判长的人为监控。另一方面，当监控中发现问题需要进行一定的惩罚处理。例如，在开赛前，每个场地应该选择指派一名裁判长进行对该场地裁判员选调情况、裁判员场上执裁情况进行监督，在比赛中发现某位裁判员判法明显不正确时候要给予及时的指出并纠正，也可以向总裁判长提出调换该裁判员，禁止其参加后面的竞赛执裁，要继续参加后期的裁判培训学习，考核合格后方才有资格再次上场执裁。但如果在比赛中发现某位裁判员不是因为自己判罚水平问题而犯的错误，经过事实证明，是人为故意帮助某一方运动员的情况，须经仲裁委员会讨论决定，针对这样的裁判员进行严肃处理，取消该裁判员的裁判资格，以后永不选调。

5. 裁判回避制

所谓裁判员回避制，是指当随机抽取上场裁判员后，发现场上运动员与场上裁判员是同省、同校等情况，该裁判员必须回避该场比赛，由其他不用回避的裁判员顶替上场。例如，在全国性学校武术竞赛中，上场裁判员遇到本省的参赛学生需要回避；当进行省级学校武术竞赛时，上场裁判员遇到本市或者本校的参赛学生需要回避，如举行的是市一级的学校武术竞赛，那么仅当遇到本校的参赛学生时，计算机抽调到的裁判员需要替换。当然，在武术竞赛过程中，上场的裁判员即使遇到本省、本市的参赛学生时，也不一定出现不公正的现象，但是建立裁判员回避制，可以有效防范该类不公正的情况发生。

6. 发现问题可诉制

淘汰制的引入降低了学校武术套路竞赛判罚的难度，一定程度上化解了学校武术套路竞赛"估分"的局面，同时通过裁判权利分权化、上场裁判选调随机化、裁判执法透明化、裁判执法监督化、裁判回避制等措施可以有效地提高学校武术竞赛判罚的公平、公正性。但是，根据事物发展的原理，世界上没有绝对的事情，任何的措施只能一定程度上提高其公平、公正性，不能做到彻底解决该问题。所以，在学校武术竞赛中必须建立完善的申诉制度。当教练员认为某场比赛判罚不公正时，教练员可以根据比赛录像进行申诉，但并不是教练员申诉的比赛场次就一定存在不公正的问题，申诉结果有申诉成功与申诉失败两种。同时，在申诉的渠道有必要设置一定的门槛，教练员申诉必须缴纳一定的保证金，申诉成功，改判比赛结果，同时退还保证金。如果申诉失败，那么维持原判罚，不退还保证金。例如，在比赛中，某位教练员认为某场比赛判罚不公正，首先必须在比赛结束第一时间向竞赛的仲裁委员会提出申诉，同时提交比赛视频录像与缴纳保证金，仲裁委员会组织裁判专家组针对该场比赛进行判罚审核，审核结果为：①比赛裁判有问题，申诉成功，改判比赛结果，退还保证金。同时，如果能够决定该场判罚是人为故意操作，对操作该场执裁的裁判员重罚，采用开除裁判队伍、永不选调等方法；②申诉方败诉，维持原判，保证金没收。其实申诉制度是其他保障比赛公平、公正措施的补救方法，可以同其他措施共同保障学校武术竞赛的公平、公正性。

（四）竞赛的安全性

竞赛的安全性是任何竞赛都非常重视的事情，而学校武术竞赛的参赛主体由我国广大的青少年组成，竞赛的安全性显得更为重要。本书建议主要从以下几个方面的措施进行控制，保障学校武术竞赛的安全性。

1. 格斗技术力量控制性

目前的竞技散打以"重击或击倒"对手为目标的规则导向不适用于学校武术格斗竞赛，需要进行合理的"学校化"改造，保障学校武术格斗竞赛在安全的环境下运作。其实开展学生武术格斗竞赛，主要是为了培养学生的"尚武精神"，提高自身的防身自卫能力，增加其骨气与底气，同时感受武术格斗的乐趣与魅力，并不是要求学生掌握"一技必杀"的能力。这些目标，在规避重击的规则引导下同样可以实现，所以，学校武术格斗竞赛可以禁止重击，提倡轻击。

2. 格斗比赛保护性

格斗对抗类项目由于竞赛的对抗性强，彼此的躯干、四肢等部位频繁地碰撞，在竞赛中很容易导致参赛者受伤，所以，像拳击、跆拳道、空手道等格斗类对抗性项目都要求参赛者穿戴必要的护具，合理地保护参赛运动员。当然，由于每个项目的技术特点、技术风格等不同，参赛者穿戴的护具也有相应的区别。为了保障学校武术竞赛的安全性，学校武术格斗竞赛的参赛学生需要穿戴合适的护具。

①护头。虽然在学校武术格斗竞赛中"击而寸止与触而控制"的理念都针对保护参赛学生的头部而设置，但是在比赛中，参赛者为了击打头部而达到得分标准，时常容易出现力量过大而造成重击犯规，所以，护头是参赛学生运动员必须佩戴的护具之一。

②护胸。由于人体的躯干相对于人体的头部具有较大的抗击打能力，所以，在学校武术格斗竞赛中，针对人体躯干的击打力度可以适当放宽。但是，仍然需要在比赛中针对躯干进行合理的护具保护，防止意外发生。

③参加武术格斗竞赛的学生运动员除了佩戴护头、护胸以外，还需要佩戴其他需要的护具，如拳套、男子护裆（女子护阴）、护腿、护脚等。在格斗技术力量控制的前提下，进行合理的护具保护，可以更好地保障学校武术格斗竞赛的安全性。

3. 套路器械比赛控制性

目前，学校武术套路的器械比赛已经制度化、常态化及规范化，比赛内容主要是竞技武术套路的刀、枪、剑、棍，但是在目前全国学生武术套路竞赛中，参赛的多为水平较高的学生，在竞赛安全方面已经得到了很好的控制。而当学校武术套路竞赛参赛主体转变为水平较低的普通学生时，同时传统武术套路的器械也引入学校武术竞赛体制后，情况将发生很大的变化，有必要针对学校武术套路的器械竞赛进行合理的控制。在普通组进行武术套路器械竞赛时，建议选用以下措施进行控制：①参赛学生在演练器械套路动作时，禁止出现器械的抛接动作；②参赛学生在演练器械套路选择时，禁止选用传统武术器械套路中的绳标、流星锤等软器械。而在武术高水平组的武术套路器械竞赛中，套路与器械的选择可以不受控制。

4. 赛场医务监督性与参赛学生保险制

赛场医务监督制是指在学校武术竞赛场地配备医疗人员，在竞赛过程中，如果参赛学生发生损伤情况，现场医务人员可以及时处理，如果情况严重，在医疗人员的指导下，快速地送到医院进行治疗。而参赛学生保险制是指参加学校武术竞赛的每个学生必须购买竞赛组委会规定的相应人身意外保险。

八、学校武术竞赛规则改造思路

（一）学校武术套路竞赛规则的改造思路

目前学校武术套路竞赛选用竞技武术的竞赛规则。在自选项目判罚方面，主要根据三个方面决定参赛学生的比赛成绩：一是动作质量评分；二是演练水平评分；三是难度的评分。在规定动作项目、对练、集体等方面判定比赛优劣，主要从动作质量评分和演练水平评分两个方面进行判罚。其实不管是从三个方面还是从两个方面进行判罚，操作起来都非常复杂，当针对普通非体育专业的中、小学生进行比赛判罚时，特别是省市一级的武术套路竞赛，操作难度相当大，引起的争议多。当淘汰制引入学校武术竞赛体制后，参赛学生进行两两较技时，可以有效化解操作的难度，但在判罚学生武术技术水平优劣的理念方面仍需要改变。应该重视参赛学生的武术套路综合演练水平，淡化武术套路难度动作评分。这样改变的缘由主要有以下几点：

①综合演练水平展现武术的本质内涵。武术套路展现的应该是习武者的精、气、神，展现武术套路的韵味、节奏与劲力。在学校武术竞赛中，应该根据学生套路演练的熟练程度、动作规格、精神风貌、节奏韵味等方面判定技术水平的优劣，这些才是武术套路应该展现的本质内涵。

②难度动作的要求不合适学校武术套路竞赛。武术套路中的难度动作是竞技武术比赛的产物，是为了体现武术套路的高、难、美、新的特征，是为了培养精英武术竞技套路运动员，但是这样的规则导向并不适合于普通学生参与的学校武术竞赛。学校武术竞赛参与主体是学生，是为了强健学生的体魄，培养学生习武的兴趣，进而推动学校武术的普及与发展，并不是为了培养武术运动员。难度动作要求的存在增加了习练武术套路的难度，提高了习武参赛的门槛，阻碍了学校武术竞赛的开展。因此，难度动作的考评不应该作为学校武术竞赛中判罚学生技术水平优劣的依据。

③有利于传统武术竞赛的开展。传统武术套路中没有竞技武术套路中规定的难度动作，在学校武术竞赛中，降低套路中难度动作的要求，有利于传统武术的发展。同时，在竞赛规则中可以使所有的武术套路比赛项目统一标

准，简化操作难度。

④化解普通组学生难度动作完成不好的困境。普通组学生参加武术竞赛，往往难度动作成了练习的难点，而裁判也常常因为学生难度动作完成不了而无法进行判罚。通过规则引导学生注重比赛的综合演练水平，可以有效化解这一困境。

（二）学校武术格斗竞赛规则的改造思路

目前竞技散打竞赛经过几十年的发展，规则进行了多次的修订，规则的不断完善，使得竞技散打比赛更加激烈、精彩，已经发展成为非常成熟的竞赛项目。但竞技散打选用以"重击或击倒对手"为上技的规则导向，如在比赛中重击对手而导致对方强制读秒可以得2分，利用合理的方法直接击倒对手可直接获得比赛胜利，这样的规则导向不合适在学校武术格斗竞赛中推广，必须针对现有的竞技散打规则进行"学校化"改造。因为开展学生武术格斗竞赛，主要是为了培养学生的"尚武精神"，提高自身的防身自卫能力，增加其骨气与底气，同时感受武术格斗的乐趣与魅力，并不是要求学生掌握"一技必杀"的能力。这些目标，在规避重击的规则引导下同样可以实现，所以，学校武术格斗竞赛可以禁止重击，提倡轻击。具体的措施为：

1.击而寸止

击而寸止是指在合适的距离、合适的时机下，全力、全速地击打对手的有效得分部位，当快接触对手得分部位时，进行有效的控制，而不击打到对手的击打方法。主要用于在未成年组的头部击打限制。在1~2厘米控制住并快速收回的击打技术为得分动作，较好地保护未成年学生的头部。

2.触而控制

触而控制是指击打时候可以接触对手的有效得分部位。主要用于成年组（高中生、大学生）的头部击打限制及各个组别运动员击打对手其他身体部位的限制。在高中组和大学组，学生在全力、全速击打对手头部时，可以轻微接触对手头部，但必须进行有效控制，进行轻击，防止重击对手，重击为犯规行为。重击的判罚标准为使对手头部位移、脸部出血、脸部出现红肿等。

3.摔而保护

武术强调"远踢、近打、贴身摔"是武术格斗的特色，应该保留。但由于摔法练习的难度及竞赛中使用的安全性问题，必须在学校武术竞赛中针对摔法使用进行一定的限制，保障摔法技术的安全性。首先，规则应该规定在比赛中使用安全性高的摔法技术，禁止使用过肩摔等危险摔法，可以明确规则哪些摔法可以使用、哪些摔法不可以使用。其次，武术强调贴身摔，在学校武术竞赛中可以尝试取消接腿摔的技术，只限使用安全性较高的贴身摔技法。这样可以使参赛学生充分发挥腿法的技能，增加竞赛的观赏性。最后，除了击而寸止、触而控制、摔而保护的规则导向外，参加武术格斗竞赛的学生必须穿戴格斗竞赛的护具，充分保障参赛学生的安全性。

参考文献

[1] 蔡利敏 . 传统武术文化透视与传承发展研究 [M]. 北京：中国商务出版社，2016.11

[2] 戴国斌 . 门户对拳种、流派的生产 [J]. 上海体育学院学报 2013，（4）:76-81.

[3] 邱不相 . 中国武术套路的文化解析 [J]. 体育与科学，2007，（12）:10-12.

[4] 陈姗 . 传统武术文化传承与发展研究 [M]. 北京：人民日报出版社，2016.06.

[5] 秦清俊 . 传统武术文化传承与发展研究 [M]. 长春：吉林人民出版社，2012.05.

[6] 郭敏进，范美丽，王鑫 . 我国传统武术文化的传承与现代发展研究 [M]. 长春：吉林大学出版社，2018.03.

[7] 冯艳琼 . 地域武术与武术文化研究 [M]. 北京：人民体育出版社，2009.

[8] 全国体育院校教材委员会 . 中国武术教程（上册）[M]. 北京：人民体育出版社，2003.

[9] 乔凤杰 . 中华武术与传统文化 [M]. 北京：社会科学文献出版社，2006.

[10] 江百龙 . 武术运动从论 [M]. 武汉：湖北科学技术出版社，2008.

[11] 蔡仲林，周之华 . 武术（第二版）[M]. 北京：高等教育出版社，2009.

[12] 纪秋云 . 武术 [M]. 北京：北京体育大学出版社，2004.

[13] 田勇，孙小勇 . 武术 [M]. 广州：华南理工大学出版社，2009.

[14] 全国体育院校教材委员会 . 中国武术教程 [M]. 北京：人民体育出版社，2003.

[15] 刘金海 . 武术 [M]. 北京：北京师范大学出版社，2013.

[16] 李印东 . 武术释义 [M]. 北京：北京体育大学出版社，2006.

[17] 吴志勇 . 健身武术 [M]. 武汉：湖北科学技术出版社，2007.

[18] 郭玉成 . 中国武术传播论 [M]. 上海：复旦大学出版社，2008.

[19] 邱丕相.中国武术文化散论[M].上海：上海人民出版社，2007.

[20] 袁新国.中国传统武术的健身理论与项目实践探究[M].北京：中国纺织出版社，2018.

[21] 王卫平.中华优秀传统文化[M].苏州：苏州大学出版社，2018.

[22] 刘翔.中国传统武术发展及其现代转型研究[M].北京：北京工业大学出版社，2018.

[23] 黄雯.我国民族传统体育技艺的保护与传承[M].长春：吉林大学出版社，2018.

[24] 刘笑冰.传统文化产业创业有道[M].北京：中国科学技术出版社，2018.

[25] 王国成.传统武术文化传承与发展研究[M].北京：华文出版社，2017.

[26] 汪珂永.中国传统武术文化与传承[M].北京：光明日报出版社，2017.

[27] 司红玉.武术[M].重庆：重庆大学出版社，2017.

[28] 王浩.民族传统体育运动项目分析与传承发展研究[M].北京：中国书籍出版社，2017.

[29] 罗雪琳.武术运动发展传承与教育[M].延吉：延边大学出版社，2017.

[30] 杨少雄.武术创意产业发展研究[M].北京：人民体育出版社，2017.

[31] 赵红波.中国武术与文化传承[M].西安：西北工业大学出版社，2017.

[32] 阮坤.传统武术健身与养生文化研究[M].北京：九州出版社，2017.

[33] 蔡利敏.传统武术文化透视与传承发展研究[M].北京：中国商务出版社，2016.

[34] 申国卿，邓方华.中国武术导论[M].重庆：重庆大学出版社，2016.

[35] 郝立新.中国传统文化[M].北京：清华大学出版社，2016.

[36] 舒颜开.传统武术的文化思想与现代健身价值[M].长春：吉林大学出版社，2016.

[37] 赵韵.传统武术文化的弘扬及其发展战略研究[M].长春：吉林大学出版社，2016.

[38] 冉启江，韩家胜，康佳琼.中国传统文化[M].上海：上海交通大学出版社，2016.

[39] 胡平清.武术教育的当代价值研究[M].北京：北京体育大学出版社，2016.